Ingrid Ahrendt-Schulte

Weise Frauen-böse Weiber

Die Geschichte der Hexen in der Frühen Neuzeit

魔女にされた女性たち

近世初期ドイツにおける魔女裁判

イングリット・アーレント＝シュルテ

訳——野口芳子＋小山真理子

keiso shobo

Weise Frauen-böse Weiber by Ahrendt-Schulte

日本語訳出版に際して

魔女は世界中の多くの文化に見られる。災いを引き起こす霊的存在である場合、魔女は夜中に飛び回り、病気や死や様々な災いを人間にもたらす。また、魔術や呪術の知識を駆使して、霊や悪霊と関わりを持つ人間である場合、魔女は自然の営みに影響を及ぼしたり、人体や生命や財産に、魔術で害を与えたりすることができる。

魔女に関するこのような見方は、呪術が世界を支配しているという考え方と密接に結びついている。しかしこの見方は、現代ではもうほとんどの社会で通用しなくなっている。もし私たちが今、魔女に出会うとすれば、歴史学や民族学の研究文献の中か、昔から伝承されてきた神話やメルヒェンの中だけである。これとは別に、現代社会は、映画、小説、漫画、広告などによって、様々な素性の魔女たちを新たに創出している。

魔女が実在し、呪術力を持つなどということは、合理的思考法を身につけた現代人には、非合理的で古臭い迷信にすぎないと思われる。それにもかかわらず、魔女信仰が命脈を保ってきたのは、災いが生じるたびに、それを説明する一つのステレオタイプとして使われてきたからだ。現代でもサブカルチャーとして魔女術が行われたり、魔女から身を守るために呪術的手段が取られたり、魔女儀式が行われたりしている国が数多くある。それどころかインターネット上では、魔女と名乗る人が呪術を使う仕事を請け負ったりしている。コンゴ共和国では二〇〇一年に、八〇〇人以上の人々が魔女迫害の犠牲になったという事件があったが、これなどは今日でも魔女が恐れられ、迫害されている証拠といえる。

魔女信仰には文化の違いを越えて共通する核のようなものが存在する。一方、魔女そのものは、その姿が多様であり、それぞれの文化によって異なっている。魔女術を使うのは主として女性なのか、それとも男性なのか、人々は魔女に助言を求めるのか、それとも魔女を憎み迫害するのか、さらに、人々が魔女を敬遠するのは、畏怖の念からなのかなどについては、個々の文化によって答えが異なる。いずれにせよ、裁判による大規模な魔女迫害が行われたのは、西洋キリスト教社会だけであった。一五世紀から一八世紀に至る西洋では、魔女裁判は法に則った行為であった。魔術の行使は、神と人間に対する犯罪とされ、死に値する罪とされた。魔女の罪に問われた者の中には、男性や子どももいたが、有罪となり死刑に処されたのは、主として女性であった。

魔女像は呪術や宗教や文化人類学が生み出した一つの女性像であった。犯罪行為の実行者として、魔女は神や人間の敵であり、キリスト教信仰から離脱し、悪魔と結託して、隣人たちに害悪を加える悪女であった。魔女は悪魔信奉者として空中を飛び、夜に密かに集会に参加した。ダンスや宴会をしては神を侮辱し、悪霊と淫らな行為を行い、地獄の主であるサタンを信奉した。このような魔女像とともに存在したのが、魔術に長けた女性という民間伝承の魔女である。その源はキリスト教以前の時代に遡り、メルヒェンの中の魔女として生き続けている。この本の中で私は、近世初期の魔女迫害の時代に、加害者側が抱いていた魔女像を、被害者である女性たちの実像と重ね合わせて考察した。私がこの研究で使用した文献は、魔女裁判記録、学識者による魔女論文、版画、絵画といったものである。

魔女をテーマにする研究には、尽きることのない魅力を感じるが、ここ二、三〇年の間の研究にも、そのことが明白にあらわれている。魔女の歴史についての関心は、国際的な広がりを見せ、魔女迫害が行われた西洋以外の国々にも及んでいる。一九八五年、ドイツで魔女研究に関する、国の枠を越えた学際的研究会が発足したが、それは今や世界中で二〇〇人を超える会員数になっている。日本では西洋の魔女像は、近世初期の魔女裁判に関する研究や、グリム兄弟のメルヒェン集で知られるようになった。さらに、魔女や魔女迫害は、大学におけるジェンダー学の研究課題にもなっている。

一九九四年にドイツで出版された本書 “*Weise Frauen - böse Weiber*”（直訳すると「賢い女と悪い女」という意味だが、日本語訳の題名は内容から検討して『魔女にされた女性たち』とした。）が、このたび日本で翻訳されることになったのは、野口芳子教授のおかげである。野口さんは一九九九年、日本ジェンダー学会の紀要に、私の博士論文『ホルン市の魔女』（一九九七年）を紹介され、そのことを私に知らせてくださった。同年の秋に野口さんが、グリム兄弟協会のシンポジウムで講演するためドイツに来られたとき、私は初めて彼女と会って話をした。そのとき私は、彼女に本書を進呈したが、当時はまさかこの本が、数年後に野口さんと小山真理子さんによって、日本語に翻訳され出版されることになろうとは、夢にも思っていなかった。

翻訳の労をとって下さった二人が、拙書出版のため、東京の勁草書房と折衝してくださったことに対して、この場を借りて感謝の意を表したい。

二〇〇三年　二月

イングリット・アーレント＝シュルテ

目次

ハンブルク
ベルリン
ポーランド
オランダ
ザルツフレン
ハノーヴァー
ヒルデスハイム
デトモルト
リップシュタット
(リッペ)
パーダーボルン(ホルン)
ゲッティンゲン
カッセル
アイゼナハ
エアフルト
イェーナ
ケルン
マールブルク
ベルギー
フランクフルト
ハーナウ
バンベルク
チェコ
ヴュルツブルク
アウクスブルク
ミュンヘン
オーストリア
スイス
中部ヨーロッパの都市図
0
100
200
km

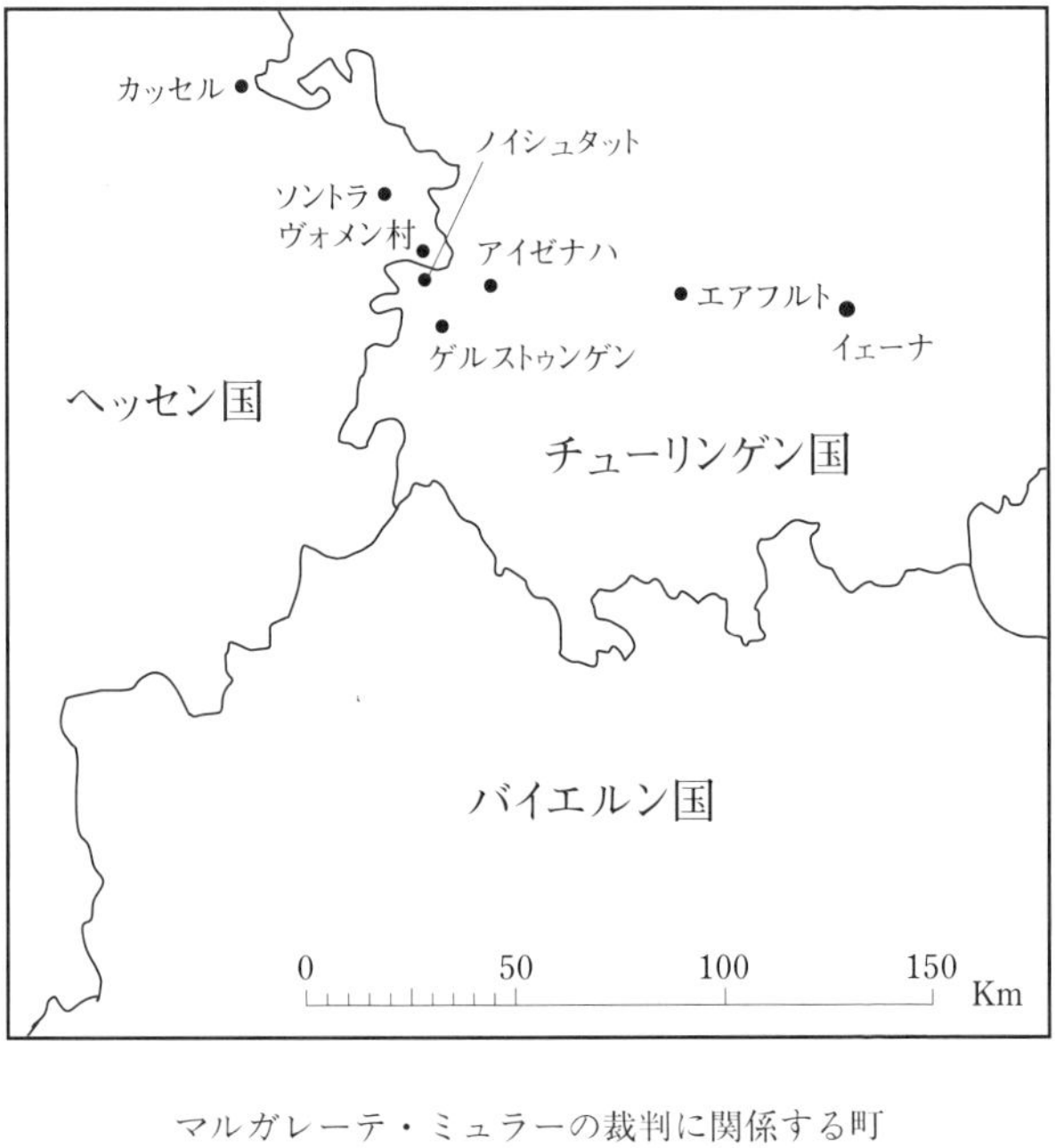

マルガレーテ・ミュラーの裁判に関係する町

サバトへ行く魔女（中世の侮辱絵より）

I　序

「ブルブル、ブルブル、魔女たちが戻ってきた」と叫びながら、イタリアのフェミニストたちが一九七〇年代、ローマ市内で堕胎禁止法反対のデモを繰り広げていたとき、フェミニストたちは魔女を近世初期の、害悪をもたらす女魔術師、すなわち悪魔の同盟者として捉えていた。つまりフェミニストたちは、キリスト教社会に反旗を翻す謀反人として法的迫害に晒された女性を魔女として捉えていたのであった。デモに参加した女性たちは魔女に扮装して、このような魔女になりきり、復讐を誓った。この演出は「魔女」をテーマとする際の常套手段でもある。彼女たちは現実と空想が混ざり合った新しい魔女像を創り出し、それを政治闘争の道具として使用した。そこでは魔女狩りの歴史の中で現実に存在すると思われた魔女の姿が、決定的な役割を果たしていた。現在流布している「魔女」に関する見解も、古い魔女像や新しい魔女像から甚大な影響を受けているのである。

反抗的で非順応的なアウトサイダー、つまり賢女として、魔女は新しい女性解放運動のデモ行進によって注目の的となった。女性が自ら魔女だと宣言することによって、否定的な魔女像に肯定的意味を与えたことは、画期的な出来事であった。魔女狩りの時代には、法律家や神学者から復讐好きの悪い女性として危険視された魔女が、今や男性の支配と男性の基準に抗議する反抗的な女性となったのである。すなわち魔女は、古い構造からの解放を試みる女性、差別と抑圧に対する戦いを指揮する女性と同一視された。しかしこの魔女像は、あくまで現代の女性の新しい見方が生み出したものであり、それ以上のものではない。というのは、この魔女像もまた、近世の人々が持っていた中傷に満ちた魔女像と同様に、近世初期に魔女として迫害された女性の現実の姿に基づいたものではないからである。

新しい女性解放運動の魔女像は、堕胎を刑法で裁くことに反対する戦いの中から生まれてきた。堕胎裁判の中にフェミニストたちは魔女狩りの延長を見、女性を抑圧し懲らしめる手法を見た。それゆえ、堕胎の知識や避妊の知識のために迫害された女性が、魔女として紹介された。言い換えると、悪女の背後に賢い女が、すなわち男性に依存せず、自然との調和の中で自活していた賢女が、発見されたのである。

治癒知識、つまり植物や薬草といった自然の神秘に関する知識を自在に操る魔女は、キリスト教以前の時代には豊饒を祝う祭の巫女であり、母系社会の伝統を守る守護者であって、決して女性解放運動によって新たに発見された存在などではない。これは一九世紀に成立した概念なのである。

フランスの歴史家ジュール・ミシュレは、魔女の中に「民衆の女医」を見ていた。ロマン主義者たちは中世やゲルマン伝承に魅せられていたので、メルヒェン（昔話）や伝説や神話などの「民衆の作品」を収集した。彼らはメルヒェンの魔女を発見しただけでなく、魔女という存在の中にキリスト教以前の豊饒信仰の名残も見ていた。ヤーコプ・グリムは『ドイツ神話学』の中で次のように書いている。「魔女は椅子から転げ落ちた古代の女神たちの従者で、善良で崇められていた存在から、敵視され畏怖される存在に変えられていった。魔女は移り気で夜間あちこちさまよい、古代では祭の行列に参加していたが、今では禁止された秘密の集会で、自分の信奉者たちと語り合うだけだ。」

この描写の中でも、事実と空想が混ざりあっている。教会は「迷信」と「異端」に反対したとき、悪魔の仕業として多くの伝統的風習を禁止した。この歴史的事実から、魔女は闇の宗教を信奉しているので追放されなければならない、という命題が成立したのである。

賢女として魔女が再発見されると、フェミニストたちは魔女狩りを改めて解釈しなおそうとした。魔女狩りは今日的問題と結びつけられて、「ヨーロッパに新しく誕生した医師対女治癒師」のキャンペーンであったとか、堕胎の知識を持つ産婆と国家的措置の対立であったとかいう命題が成立した。通俗科学書に取り上げられたこの「表明」は、刑法二一八条〔訳注　堕胎条項〕に関する議論を巻き起こしたことによって、あまりにも簡単に受け入れられてしまったかのようだ。つまり、学校で学ぶ医学と民間治療法との間の確執や、人口措置政策についての国家的関心や、女性に対する社会的差別などを、この種の書物は容易に追体験させてくれる。しかしながらこれらの書物によって、魔女として迫害された女性の状況が明らかにされたわけではない。それはこれらの女性が暮らしていた時代を考察することによって、初めて明らかにすることができるものなのである。

魔女狩りに関する見解は、一九世紀に政治論争との係わりのなかで成立した。その見解は今日でもまだ効力を失っておらず、現在も歴史的現実として把握されている。魔女狩りというテーマは、カトリック主義と教皇権力に反対する文化闘争の枠内で、新たな意味を獲得した。魔女狩りのおぞましさと「野蛮さ」に対する憤りは、魔女裁判の主導者であり担い手であるとされたカトリック教会に反対するための宣伝として用いられた。概観すれば魔女狩りは、カトリックの地域においてもプロテスタントの地域においても行われた。しかし、宗教改革以後プロテスタントは、魔女狩りを「暗黒の中世」の出来事にすり替えたし、また、その告発数は数百万と推測されたりもしたが、いずれも史実に基づいたものではなかった。

魔女狩りの原因は、カトリック教会の女性敵視によるものであるとのみ宣伝された。この解釈は数多くの絵によって表現されている。それらは今日、魔女裁判に関する文献の挿絵に見ることができるし、また、魔女と魔女世界というテーマの展覧会によって、広く世間の人々の知るところとなった。解説を付けずに、いわば単に歴史的事実の模写として紹介されている裁判場面の絵は、一九世紀の解釈を証明したものだ。すなわち、それらの絵は迫害された女性を「美しい」犠牲者として表現している。つまり、独身を強いられた聖職者の欲望の餌食にされた無垢な処女として魔女が描かれているのである。これらの絵が魔女狩りに対する批判の表現として現れたのと同じ頃、新しい女性像および魔女像が、明確な性的暗示を伴って創出されたということは銘記すべきである。つまり、妖婦（ヴァンプ）、宿命の女（ファムファタール）、赤毛で挑発的な魔女などだ。

古代の魔女像と新しい魔女像は、近世初期に魔女として法的に迫害された現実の女性に対する現代の見方を歪めてしまった。彼女たちの史実は同時代に描かれた絵画を見ても明らかにはならない。まして、その時代の魔女に関する記述などから把握することはできない。それは裁判記録から再構築されなければならない。女性解放運動が魔女再来を唱えたことによって、歴史上の魔女像や女性像に対する新たな見方が誘発された。その見方が従来の魔女像に対して疑問を投げかけたのであった。そういう意味では、「魔女」の社会史に対する筆者独自の研究である本書の基本理念は、女性解放運動の魔女像を検証することによって成立したのである。

新しい魔女像は歴史的現実だとみなされ、現代ではことあるごとに擁護されている。このことが、結局は魔女狩りの歴史をより深く理解するきっかけを筆者に与えてくれた。近世初期の男や女が、「罪のない」隣の女性を邪悪で危険な魔女、悪魔の淫婦だと見なすようになったのは、挿絵による影響が大きい。と同時に、描かれた魔女の絵が実際に影響力を発揮したのは、女性の生活実践上の諸要素と魔女についての想像とが結びつけられた場合であった。絵を見れば、なぜ共同体の中で、主として女性が魔女術の嫌疑を受けたのかが理解できる。このことを明らかにするのが本書の狙いである。

近世初期における女性の現実生活と魔女像との相関関係について、筆者は魔女や悪魔の淫婦や悪女などの絵を、様々な視点から調査した。筆者はこの本の中で、そのような姿が投影された女性の歴史を紹介していく。魔女裁判の資料、すなわち、告発された女性の自白や証人陳述から、当時の共同体では魔女術について、一般にどのような見方がなされていたか、女も男もどれだけ既存の魔女像にとらわれていたか、どのような見本や法則によって魔女像は女性に適用されていったか、ということについて推測することができる。本書の研究が依拠した資料は、デトモルト国立資料館、ザルツフレン市立資料館、カッセル州立図書館手稿収集部門、ハノーヴァー・ニーダーザクセン国立資料館などの魔女裁判資料であり、さらにフリッツ・シュライバー著『魔女と裁判権』、ヴォルフガング・ベーリンガー編の出典収集記録『ドイツにおける魔女と魔女裁判』を使用した。魔女裁判史研究および近世初期女性史研究の分野で、筆者が本書で取り上げた著者は、ハイデ・ディーンスト、ヴィルヘルム・ハルトマン、エヴァ・ラブヴィー、ライナー・ヴァルツ、ハイデ・ヴンダーなどである。

魔女術の被告人および容疑者としての体験を提供して、筆者の研究に貢献してくれた女性たちの名も、この場を借りて挙げておきたい。

シュルテ夫人、ケッペ夫人、アーデルハイト・エッビングホーフェン、ゲルトルート・ハス

ケン、カタリーナ・ヘルテ（ヴィンターベルク 一五二三年）
グレーテ・ドレージング、グレーテ、パーヴェル・ヴォルヴェーバーの妻（ザルツフレン 一五五一年）
グレーデ夫人、ゲスラー夫人（デルネブルク 一五五五年）
女羊飼いドロテーア（ブロムベルク 一五六一年）
ジーベルク夫人（ヒルデスハイム 一五六二年）
エリーザベト・ポイゼンダール（ホルン 一五六三年）
イルゼ・リッダー（ヒルデスハイム 一五六四年）
アンナ・ゲルラッハ、マルガ・ブレーゲル、アンナ・リッシュ、エルス・ゴット、アンナ・ゴット（ハーナウ 一五六五年）
ヨーハン・ヴィネケの妻（ブロムベルク 一五七〇年）
ウーデ夫人（ヒルデスハイム 一五七〇年）
ノイマイヤー夫人（リンゲンベルク 一五七一年）
ヒンリッヒ・ジーファースの妻、クルト・ヴァルターベルクの妻（オーゼン 一五八三年）
マリー・ローゼラー（ホルン 一五八四年）
アネッケ・ルット、メッテ・デッペとその母、トゥリーネ・ブンゼン、グレーテ・シェーファー、オスターホルツのルエケ（シュランゲン 一五八六／八九年）

アネッケ・ビッカースとその娘マリー（シュテルンベルク　一五八七年）

カトリーネ・ヒルカー（ブロムベルク　一五八八年）

イルゼ・ゼルタース（デトモルト　一五九九年）

アネッケ・グローネ（ホルン　一六〇三年）

モラー夫人（ヒルデスハイム　一六〇七年）

バルバラ・リューフィン（エルヴァンゲン　一六一一年）

バルバラ・クルツハルス（ライヒャースホーフェン　一六二九年）

マルガレーテ・アスムス（ゲルストゥンゲン　一六五五年頃）

カタリーナ・シュタウディンガー（マールブルク　一六五六年）

マルガレーテ・ミュラー（ノイシュタット　一六五八年）

ポルトラン夫人、その娘イルゼとグレーテ（エンガー　一六七五年）

マルガレーテ・ヴィンケルマン（ヒルデスハイム　一七〇〇年）

II　魔女裁判の歴史

一六五六年七月一〇日、七二歳のマールブルク市民、カタリーナ・シュタウディンガーは、市参事会員や牧師の前で次のような自白をした。彼女は鍛冶屋であった夫ハインリヒ・シュタウディンガーの寡婦で、ヴェッター小路に住んでいた。

彼女は魔術（ツァウバークンスト）で人や家畜を病気にしたり、麻痺させたり、殺したりした哀れな罪人であることを認めた。二〇年以上前、鍛冶屋ベネディクト・グートの三歳の息子に魔術をかけ、病気にした。誰も彼の病気を直せなかったので、彼は長い間寝たきりの状態だった。隣の雑貨商マルティン・ディーフェンバッハの妻の母乳に魔術をかけて、二歳の息子を殺した。一七歳の少女エリーザベト・ハウクが麻痺したのも、薬屋マティアス・シュロットの一一歳の娘が激痛と高熱に襲われたのも、パン屋の職人ハンス・ペーター・シュミットの膝が奇形になったのも、自分が魔女術（ヘクセライ）をかけたからだ。隣人である仕立屋の親方アルノルトの子牛も魔術で殺した。また市職員の妻が作るバターに魔術をかけて、牛乳から乳脂を盗み取ったこともある、と多くの罪を次々に自白した。引き起こした悪事について心から悔いている、だから神は、自分の罪をお赦しくださると確信している、と彼女は言った。

以上の自白で彼女が述べたのは、告発された罪の一部分だけであった。魔女として彼女は悪魔と接触し、悪魔と一緒に淫らな行為をし、魔女集会に参加していたとされた。市参事会員たちはそのことについて、詳しいことを聞きたがった。彼らの側には魔術（ツァウベライ）に関する質問項目が、前もって用意されていた。［訳注　ドイツ語ではツァウバー、ツァウバークンスト、ツァウベライなどは「魔術」を意味する。一方、同じ魔術でもヘクセライ、ヘクセンクンストなどは、魔女と結びついた魔術を指し、本書では「魔女術」と表記する。］カタリーナ・シュタウディンガーは、この後数週間、身柄を拘束された。拷問の上尋問されるという事態を避けたければ、彼女は裁判官の期待に添うよう質問に答えなければならないということをよく心得ていた。彼女はこの時点で、もはや自分がこの裁判から生きて戻れる可能性はないということも知っていた。彼女は自分が魔女の行為として知っていることを、この際、自分の体験として語ろうという気持ちになっていた。

魔術は悪魔から習った。悪魔は三〇年以上前、夫が亡くなって、自分と子どもが置き去りにされたときやって来た。悪魔は夜、夫の姿になってベッドに現れ、自分と一緒に寝た。悪魔は自分を慰め、子どもも一緒に養ってやるから安心しろ、そのかわり命令することは何でもしろと言ったので承諾した。でも後になって悪魔から逃れようとしたが、うまくいかなかった。長年の間、悪魔は自分に魔術で隣人に損害を与えるよう命令した。損害については先ほど数例報告したようなものだ。悪魔と魔女との舞踏や宴会には、病気がちであったので、めったに参加しなかった。以上のことを彼女は供述した。魔女集会の王と王女は誰だったかと質問されると、バールフューサー小路のパン屋とその妻だったと彼女は名指しで答えた。彼女はさらに魔女集会の参加者として、多くのマールブルク市民の女たちの名前を挙げた。悪魔が膏薬をくれたので、彼女はその膏薬を塗って煙突から飛び出し、醜い角を持つ黒い雄山羊に乗って集会に行った。そこでは雄山羊の尻に感謝の念を込めてキスをしなければならなかった。彼女は彼とも数回寝たが、悪魔と寝るのは痛くて苦しかった。というのは、彼の「もの」は黒くて醜くてまるで木のように硬かったからだ。彼女は捕まる直前に主の食卓、つまり、最後の晩餐に出かけて行き、後で悪魔に渡すため、聖体パン［訳注　聖別されたキリストの体を意味するパン］を口から取り出し、ワインは地面に吐き出したと言った。

カタリーナ・シュタウディンガーはヨーロッパ中部で、一五世紀から一八世紀の間に魔女として裁判にかけられた約八万人の女性の一人である。女性被告人の大多数と同様に、彼女は尋問の際、裁判官が持つ魔女像や、原告側証人として証言する隣人が持つ魔女像および彼女自身が持つ魔女像と、自らを一致させなければならないという圧力を感じていた。一七世紀後半、すなわち、魔女狩りが始まってから二〇〇年経って初めて、魔女は右記のようなおきまりの姿に固定化されていった。そしてこの時期になって初めて、ヘクセという言葉がドイツ語圏で一般に用いられるようになり、それ以前の様々な名称の集合概念となった。それ以前はベーゼス・ヴァイプ（悪い女）、ウンホルディン（妖怪）、トゥルーテ（夢魔）、ツァウバーシェ（女魔術師）、トイフェルスフーレ（悪魔の淫婦）、ケッツァリッシェ・フーレ（異端の淫婦）、ファインディン・ゴッテス（神の敵）などの様々な表現が魔女に対して使われていた。そのような名称で多様な側面を持つ魔女像に関して、様々な見解が主張された。

ベーゼス・ヴァイプ（悪い女）は嫉妬、憎悪、復讐心の強い女性で、隣人にろくなことをもたらさなかった。ツァウベリン（女魔術師）は隣人に病気や死をもたらし、その家畜を殺し、収穫物を駄目にし、食料を盗んだ。ウンホルディン（妖怪）やトゥルーテ（夢魔）は悪霊としての特質を全て兼ね備え、空中を駆け巡った。トイフェルスフーレ（悪魔の淫婦）は、雄山羊［訳注 悪魔は雄山羊の姿で描かれる場合が多い］と自然に反する淫行をした。ファインディン・ゴッテス（神の敵）はキリストの体をサタンに委ね、秘蹟を嘲笑することによって神を侮辱した。異端者は他の悪魔信奉者と集会を開き、キリスト教社会の秩序を覆すことを狙っていた。

魔女に関するこれらすべての見方は、カタリーナ・シュタウディンガーの現実の生活と一致していた。彼女に下された魔女罪の判決は、それを行政側から証明したのである。私たち現代人は、カタリーナ・シュタウディンガーをただ単に貧しい生活を送った老婆、夫に先立たれ、子どもを一人で育てなければならなかった寡婦として見る。だが彼女は、同時に、隣の女性と喧嘩が絶えなかった一人の市民（これはめずらしことではなかった）でもあったし、また、拷問で脅され、悪魔に仕える女だと言わされた被告人でもあった。

しかしながら、魔女は拷問によって初めて生み出されたものではなかった。原告側証人として陳述した彼女の隣人は、ずっと前から彼女を魔女として見ていた。この見方が生まれた原因、すなわち、魔女像と彼女の現実生活を結びつけた原因は、彼女個人の中にあるというよりも、むしろ近世初期社会の世界観の中にあると言える。その中には現代人とは異なる現実認識の方法が存在していた。魔法の道具と儀式が効力を発揮し、悪魔が人間の姿で行き来して犠牲者を探し回り、悪霊が人間社会で悪事を働くことができる、と素朴な民衆も教育のある人々も、本当に確信していたのである。

このような考え方は、近世初期の西洋社会では珍しいものではなかった。霊（ガイスト）や悪霊（デーモン）の存在を信じる気持ち、枯渇や死をもたらす女性の存在を信じる気持ちは、生活の様々な領域で魔術が利用され、その効力が確信されていたように、様々な文化圏で広く見られたし、現在もなお見られるものである。あらゆる伝統的な社会には、魔術に関する秘密の知識を心得ている人物が存在する。その人たちはより高い力に触れる能力を持ち、その力で人間と自然に影響を与えることができる。ヨーロッパ中部のキリスト教社会における魔女術の概念が、他の文化圏と異なる点は、魔術と異端を結びつけた点である。魔女像という手段を使って、教会はいわゆる異教徒の伝統や信仰内容および信仰実践を「悪魔化した」。そしてそれを教会は自らの存在だけでなく、キリスト教社会全体を脅かす異端行為として描き出した。

キリスト教以前の西洋文化の中で「魔女」の前身は、霊（ガイスト）や悪霊（デーモン）の国に住む女妖怪（ウンホルディン）、夢魔（トゥルーテ）、黄泉の女神ペルヒテなどとして一六世紀には知られていた。女妖怪（ウンホルディン）は女魔術師（ツァウバーシェ）と魔女（ヘクセ）と並んで、魔女論文では最も多く用いられた言葉である。そのような霊的存在は、善良な霊または善悪両面を持つ霊に敵対した存在である。善悪両面を持つ霊とは、命を作りまた壊すこともできる存在だ。ホルダやフルダは祝福をもたらす善良な家の精だった。彼女たちは地下室に押し入ってワインや食料を盗む妖怪に変身しないように、供物と御神酒によって暖かく迎えられなければならない。夢魔（トゥルーテ）は老婆の姿で現れ、人間から生命力を吸い取る。空中を飛ぶ夜行性のものもいた。戦士を連れて空中を駆り、殺したり保護したりするヴァルキューレ［訳注　北欧神話の乙女。オーディンに仕え、戦死者の中から勇者を選び出して宮殿に導く］もいた。そして最後には空中で雨のヴェールを運ぶ天候の精、風の花嫁、揺さぶり女などがいた。近世初期の魔女もまた飛行能力をもっていた。彼女たちはカタリーナ・シュタウディンガーが主張したように、煙突から出て雄山羊に乗り、空を飛んで夜の宴へと駆けつけた。雄山羊は豊饒の象徴であった。ゲルマン神話では雄山羊は、雷神トールが空を駆けるときに乗る車を引く動物であった。「異教」の霊である女神たちは必要に応じて援助したり、害を加えたりすることができたが、キリスト教社会における魔女は、邪悪で害をもたらす女性と定義づけられた。魔女は女性の役割として規定されたものの逆を体現していた。守り養う代わりに、魔女は毒を盛り殺害した。魔女は自ら産むことができず、子どもを貪り食った。

これらの中で実際にキリスト教的魔女像として取り入れられたのは、魔術の行使だった。悪影響を避けたり、治癒したり、愛情を起こさせたり、敵に損害を与えたりするための呪文や祝福や魔術などの使用は、中世社会ではまだ一般に普及していた。それらは男性にも女性にも使用されていた。魔術には両性いずれもが使った魔術と、女性または男性の労働領域や生活領域に密接に結びついた性別を特定する魔術とがあった。キリスト教化されて以来、魔術は教会によって迷信、すなわち、背信として有罪の判決を下され、教会規定による贖罪を課せられた。だが、禁止されていたにもかかわらず、魔術の伝承は近世まで保持され、魔女信仰の基礎を形成した。

中世後期に教会は、「異教の風習や迷信」に反対する態度を一層厳しくした。異端迫害運動の経験から、魔女宗派（ヘクセンゼクト）の考えが生まれてきて、その宗派の仲間が悪魔の魔術によって、人や家畜に病気や死や不作をもたらし、農作物を全滅させると信じられた。彼らの目的は、悪魔との契約によって罪と悪徳をはびこらせ、それによって、キリスト教社会を破壊することであった。一一世紀にはまだ夜出かける女性のイメージは、豊饒の女神の従者として動物に乗って空中を駆け、異教の間違った教えを説き、教会規定による贖罪でその信仰を罰せられる女性というものであったが、新しい魔女教則では、魔女や妖怪は実在するものとされた。彼女たちが一緒に空を駆け巡った相手は、女神ではなく、悪魔であった。神学者は異教の霊の特徴や能力を魔女に当てはめて、新しい魔女像を作り上げた。つまり、妖怪が人間になったのだ。個々の人間を脅かすことしかできなかったかつての魔力に長けた女性は、異端の悪魔の一味、神とキリスト教社会に敵対する女になってしまった。魔女像を女性に固定化することによって、教会は民衆の中に生き続けているキリスト教以前の伝承とキリスト教独自の伝承を結びつけた。すでに中世初期に、司教たちは、魔術に長けた女性を異教と迷信の世界を守護する存在と見ていた。あらゆる悪の原因は女にあるというのが、教会の教父たちの書物では一つのトポス〔訳注　慣用的表現〕であった。つまり、それは、最初の女エヴァによってこの世に罪がもたらされたからだ。

神学上の魔女論によって作り上げられたこの魔女像が、女性にとって深刻な事態を引き起こす原因となった。この像は魔術に長けた女性にだけではなく、原則として全ての女性に当てはめることができた。本来の罪は悪魔との密約にあり、損害を与える原因は悪魔にあるとされていたのだから、魔女はもはや魔術の知識を意のままにする必要はなく、悪魔の命令に従いさえすればよかった。この「嫌悪すべき悪徳」へ走る女性特有の傾向は、誘惑に負けやすい女性の弱い特質が原因とされた。女性が自ら進んで悪魔の犠牲になったのも、このような特質によるものであった。

魔術と異端との結合は新しい犯罪を形成した。その犯罪はすべての犯罪の中で最も嫌悪すべきものであった。教会が自ら血の粛正を行うことは許されていなかったため、教会は「世俗の手」、つまり、当局の力を借りて、魔女に対する法的迫害を実施した。魔術は中世の刑法では、与えられた損害の軽重によって、罰金か死刑の処罰で済まされた違反行為だったのである。しかし、魔女術には異端と同じ罰、すなわち火刑が要求された。裁判所のこの新しい罪は、一七世紀までは、まだ「魔術」（ツァウベライ）と表記されていたにもかかわらず、重点はもはや魔術による損害にではなく、悪魔との契約と神への不敬罪に置かれていた。犯罪者は魔女宗派の仲間であることが重視されたので、刑事訴追の重点は、もはや以前のように個々の魔術にではなく、魔女集団との戦いに置かれた。尋問の狙いは、他の魔女たちの名前を聞き出すことにあり、そのため、訴訟件数が激増することがあらかじめスケジュールに組み込まれていた。

一五世紀以来、魔女裁判はまず、サヴォアやブルゴーニュ［訳注　フランス南東部］、ヴァリス［訳注　スイス］でかなりの数が報告されている。ルツェルン、ベルン、ウリなどのドイツ語圏スイスを越えて、コンスタンツ司教領を経て、マインツ大司教領まで広がっていった。一五世紀の訴訟は、まだ異端審問のやり方を継承していた。ドミニコ会修道士が魔女を嗅ぎ出すため、審問官として国々を回った。彼らは共同体の中で説教をしながら、疑わしい人物を申し出るよう勧めた。魔女嫌疑を受けた人に対する尋問は審問裁判所で行われ、自白した犯人の処罰は世俗裁判所に委ねられた。「ドイツ国民の神聖ローマ帝国」の領土では、魔女審問官は常に期待どおり当局の支持を得たというわけではなかった。彼らのやり方は拒否されることもあった。民衆もまた、当初は新しい魔女像を受け入れなかった。初期の裁判では怪物や魔女の姿は、伝承の魔女信仰によって作り出されたものであった。

魔女審問を拒絶するドイツ司教たちの態度に業を煮やしたローマ教皇イノケンティウス八世は、一四八四年に有名な魔女勅書『限りなき憂慮をもって臨む』を著した。ラテン語テクストの冒頭の言葉を題名にした本である。その中で彼は、上部ドイツ［訳注　現在のシュヴァーベン、バイエルン地方およびオーストリア」および大司教領マインツ、ケルン、トリーア、ザルツブルクなどにおいて、自分が任命した審問官がそれぞれの活動圏で、妨害されることなく異端の悪事を摘発できるよう取り計らうことを司教たちに要請した。それというのも、次のようなことが教皇に報告されたからだ。この地域では悪魔が人間の男や女の姿で人々の間に混じり込み、多くの人々がカトリック信仰を捨ててその悪魔と契約し、暴行を行った。悪魔は魔術や歌や誓いの言葉によって女性や家畜の出産を妨げ、大地の収穫を腐敗させ、人や家畜を殺したり、病気や災害をもたらして苦しめたりした。また、男や女を不妊にして「夫婦の作品」が作れないようにもした。これらの人びとは洗礼の誓いを否定し、悪魔にそそのかされて魂の危機をもたらし、神の尊厳を冒瀆するような多くの軽率な行為や罪や悪徳などを働いた。

魔女審問官の困難な状況については、一四八四年から八五年のインスブルックでの結果が、具体例として挙げられる。ドミニコ会士ハインリッヒ・インスティトーリスが、魔女裁判を実施しようとしたが、失敗したのである。魔女術を行使する人々の名前を共同体で公表しようと呼びかけて、インスブルックでの魔女説教を終えると、彼のもとに五〇人の名前が被疑者として報告された。その中からインスティトーリスは七人の女性を逮捕させ、彼女たちに対する魔女裁判を開廷した。被告人の弁護人とインスブルックが属しているブリクセン司教領の司教代理人は、訴訟手続きの不備を立証して、訴訟を中止させた。インスティトーリスはブリクセン司教領の司教から国外退去を命ぜられた。そこで彼は『魔女の鉄槌』を著し、その中で彼は自らの活動の正当性を証明しようとしたのである。この本の中で彼は、教父や神学者の言論および聖書の中に現れる女性蔑視や女性誹謗の言葉を集めて、魔女術へと走る女性の傾向を説明しようとした。魔女の害悪魔術についての詳述は、ほとんどが彼が審問官として活動していた時に、証人発言や被告人自白で聞いた魔術行使の方法を再現したものだ。魔女術に対する女性への非難が頂点に達したとき、民間に伝わる魔術信仰は、女性の原罪に関する神学上の理論と結びつけられた。『魔女の鉄槌』は一四八七年に初版が出され、一七世紀まで数多く増刷された。

ドイツでの魔女狩りの最盛期は宗教改革後であった。それまでは魔女裁判は、専ら世俗裁判所によって行われていた。通常、訴訟は「正規の手続き」、つまり審問手続きによって行われた。すなわち、上級裁判権を管轄する当局が、容疑者に対する捜査を進める手続きを取り、原告として出頭した。証人尋問や被告人尋問は非公開で行われた。審議手続きが公開されるのは、「最終判決日」に限定されていた。そのとき被告人の自白が朗読され、判決が言いわたされた。形式的には魔女裁判は、殺人、強盗、大泥棒などと同じ審議手続きが取られた。いずれの場合にも、自白を引き出すために拷問が用いられたので、苦痛〔訳注　刑事〕訴訟と表記された。（ドイツ語のパインには苦痛という意味と刑事という意味がある。）

最初に大規模な迫害が行われたのは、一五六〇年代であった。その後は一六三〇年代と、他の地域では一六五〇年代と七〇年代であった。一七世紀が終わるとともに、魔女狩りは急速に減少した。最後の魔女裁判は、西ヨーロッパではスイスのグラールスで、一七八二年に行われ、ヨーロッパ全体ではポーランドで、一七九三年に実施された。

魔女狩りで犠牲になった女性の数は数百万人であるという説が流布しているが、それは一九世紀の歴史家の推測であり、数に関する調査研究がなされていなかった頃の数値である。最近の地域別実証研究のおかげで、魔女狩りの犠牲者数は現在ではかなり正確にわかってきた。その数はヨーロッパ全体で約十万人だそうだ。そのうちの八割が女性であった。魔術や魔女術は近世では嬰児殺しと同様、女性を主な被告人とする犯罪であったが、刑事訴訟全体からみると魔女裁判の件数はそう多くはない。一六世紀から一七世紀にかけて死刑が執行された犯罪のほとんどは、殺人、強盗、泥棒であった。とくに大都市では、魔女裁判は全刑事訴訟の約一割にすぎなかった。

魔女術という新しい犯罪の刑事訴訟は、魔女像の様々なイメージを生み出した。一五世紀後半に発見された印刷術、つまり、木版印刷と銅版印刷は、魔女と魔女行為についての概念を、絵や文字によって大々的に広めることを可能にした。絵の中では害悪魔術を行使する魔女、空を飛んで魔女集会に行く魔女、魔女踊りに熱中する魔女などが描かれている。挿絵入りチラシのような体裁の「新聞」が、魔女裁判について報道し、判決が下された者一人一人についてその悪事を書き立て、魔女の蔓延を嘆き、「悪い女」は死刑によって相応の報いを受けるべきであるということを、絵と言葉で強く訴えた。

魔女の犯罪を紹介し、糾弾する宗教書、論文、論争文書、説教集などが木版印刷で出版されたので、魔女が密かにどんな行為をしたのかということは、当然、すべての人がはっきりと理解していたと思われる。魔女に関する宗教書の編集者や神学者、法学者、医学者たちの間で、魔女は何ができるのか、魔女の力は実際にどれぐらい遠くにまで及ぶのか、悪魔は害悪魔術にどの程度関与しているのかについて、様々な意見が出された。ヨハネス・ヴァイヤーやフリードリッヒ・シュペーといった魔女裁判の批判を行った人々も、魔女の存在そのものについては疑っていなかった。つまり、悪魔と契約を結び、その罪によって処罰されなければならない魔女が実在したということは、信じていたのだ。

近世初期の魔女像はこれらの書物の中で作り上げられた。魔女に関する宗教書は、教養ある市民や当局の役人たちに読まれた。つまり、魔女裁判の執行を委任された人々に読まれたのだ。裁判に携わった人々は、宗教書によって刻みつけられたこれらの魔女像を被告人尋問の中に挿入した。魔女裁判の被告人は、裁判所が提示した魔女術のステレオタイプに伝承の魔女像や自己の生活体験をはめ込んだ。公開裁判の日に朗読された被告人の自白は、同時に専門家が承認した本物の証拠として、一般に普及している魔女像にも影響を与えた。村や町の共同体では、牧師が「魔術の嫌悪すべき悪徳」に関する説教で、教区の子供たちに魔女に用心しろと警告した。そしてその説教は、知識階層の魔女論を民衆に伝えたというだけでなく、しばしば共同体の人々の不安を煽り、魔女狩りを推進する力にもなったのだ。

「新聞」によって一つの地域の魔女像が遠く離れた地域にまで伝えられた。この新聞の文面は、しばしば韻を踏んだ文で書かれ、歌い方の手引きまで添えられて、どのように歌うべきかが指示されていた。一六二七年にニュルンベルクで印刷された「魔女新聞（ドゥルーテン・ツァイトゥング）」［訳注　ドゥルーテはトゥルーテのことで夢魔を意味するが、ここではヘクセと同義語で魔女の意味］は、フランケン地方、バンベルク、ヴュルツブルクで処刑された多くの魔女の身の毛もよだつような残虐行為を描き出し、敬虔なキリスト教徒に対して、この「有害動物」に注意するよう警告している。この記事は「歌詞」形式の文体で書かれていた。おそらく、文字を読めない人々に対して、魔女裁判のセンセーショナルな事件が広場で朗読されたのであろう。その身の毛もよだつような報告は、人々の魔女に対する恐怖心を強め、この悪い女が悪魔の助けを借りてどのようなことを行うことができたのか、と人々の空想をかき立てた。

つまり、魔女像は、学識者の魔女信仰と民衆の魔女信仰が、相互に影響を与え合った結果の産物であった。それは魔女術の嫌疑がかけられたり、魔女が法的に迫害されたり、魔女についての様々な論文が出版されたりする日常生活の営みの中で生み出された。魔女はどのような方法で害悪をもたらし、どのような能力を持ち、その魔術は主としてどこに照準が合わされていたのかについて、様々に考えが巡らされた。そして、その想像力の中で、地方色豊かな民間の魔女像と学識者の魔女像とが混ざり合ったのだ。呪術を心得た女性の体験が、女性の霊的存在であるトゥルーテやウンホルディンといった民間信仰の魔女像の中に入りこんだのである。この像にたいする様々な見解は、現実に対する認識と解釈のサンプルを提供した。そして、そのサンプルに基づいて、女性の行動、態度、生活様式が、魔術または魔女術であると解釈されたのであった。

III　魔女像と女性像——幻想と現実——

魔女の基本理念はあらゆる価値や規範の逆転、つまり善を覆して悪にし、災害や損害をもたらすことであった。このことは多くの絵の中で象徴的に描かれている。たとえば、雄山羊の上に後ろ向きに座っている魔女、見物人に背中を向けたり、尻を向けたりしている裸婦、後向きに踊ったり、逆立ちして手を足のように使って踊る魔女集会（サバト）の女などがそうだ。

魔女は社会秩序が乱れて、「無秩序」に転換する「逆《さかさま》の世界」を象徴していた。この姿の原型は魔女信仰のあらゆる要素に見られ、それが女魔術師、悪魔の淫婦、悪女などの特質を決定した。害悪魔術は治癒行為や保護行為が逆転したものであり、祈りや祝福の言葉や治癒魔術を呼ぶ呪文などを逆に使って、元の肯定的意味を逆転させた。悪魔の契約と魔女の集会は、教会儀式の逆をその内容とした。悪い女は役割規定を逆転させ、敬虔な女の逆を意味し、男性を支配する権利を要求した。要するに魔女像とは、この逆転のモチーフから生まれた女性像であるということを忘れてはならない。それは女性の現実の生活に基づいたものであった。つまり魔女像は、女性の現実生活に根差したものが、否定的なものに歪曲されたのであった。教会や当局が魔女の中に、むしろ神の敵を見ていたのに対して、共同体の人々は、魔女を主として害悪をもたらす女魔術師として恐れた。

1　害悪をもたらす魔女

魔女は共同体の中でともに暮らす人々、または親密な隣人関係にある人々の肉体や生活や財産などを脅かした。魔女が魔術を使って損害をもたらすという考えは、近世初期社会における呪術（マギー）の役割と密接に結びついていた。呪術は人々の生活の中で重要な意味をもっていた。呪術は日常生活における諸問題を解決したり、障害を克服したり、脅威を防いだりするために様々な形で取り入れられていた。それは社会のあらゆる階層の人々に、様々な形で、様々な分野で実際に使われた。被害を予防する儀式は、人や家畜の繁殖および田畑の豊作に影響を及ぼし、農民や町農民［訳注　町に住む兼業農民］から成る共同体の中では、生存保証の手段として決定的役割を演じた。教養市民層や貴族は宇宙の意味を探ったり、商売の方針を決めるために占星術や錬金術に取り組んだ。教会は魔術の効果が得られるという治癒シンボルや儀式を取り入れた。教会儀式と魔術儀式の明白な相違は、たいていの場合、それが聖職者によって行われるか、民間人によって行われるかということだけであった。

生命や収穫や財産を守るために呪術（マギー）が用いられたのだから、逆に、病気や死や不幸もまた呪術の影響だとする見方は、論理的だといえる。

一五二二年、当時、魔女の悪事に関して一般に流布していた見方を要約したマルティン・ルターの記述は、被害が魔術のせいにされた範囲を示している。

「魔女は悪い悪魔の淫婦で、牛乳を盗み、天候を左右し、山羊や帚に乗り、マントにのって飛び、人々を撃ち、麻痺させ、枯死させる。揺り籠の子供を苦しめ、夫婦の四肢に魔術をかけ、たとえば、事物を異なった姿にすることができる。つまり、本当は人間なのに、雌牛や雄牛と思わせることができる。そして、人々に悪魔への愛情や性交を繰り返し強要する。」

牛乳魔術、天候魔術、性愛魔術などは、すでに魔女裁判以前から女性によるものとされていた伝統的な魔術行為であった。この魔術は、本来、豊饒を招き、被害を防ぐために使用されたものであったが、他のすべての呪術と同じように、害悪を引き起こすために使用されるようになった。魔女は邪悪な「悪魔の淫婦」として、害悪を与えるためだけに魔術を使用することができた。すなわち、病気や死や不作をもたらす力は、古くからある治癒魔術や豊饒魔術から派生したものなのだ。害悪魔術をかけるときに魔女が使ったとされる道具や儀式は、広く普及していたものもあったが、特定の地域でのみ普及していたものもあった。

牛乳泥棒の魔女とバター魔女

低地ドイツやオランダ語圏では、一六世紀半ばまで魔女といえば、一般に乳精魔女（牛乳魔女）のことを指すといわれていた。魔女がもたらすと言われる死の恐怖に比べると、牛乳魔術は現代人の目からみれば、まだ些細な魔術だと思われるかもしれない。しかしながら、この魔術を使われたと信じた人々の目からみると、それは取るに足らぬことどころではなく、手痛い経済的損失を意味した。この辺の事情に関しては、チューリンゲンのノイシュタット（ヘッセンとの国境に近い小さな村）で、一六五七年に起こされた魔女裁判の判例を見ると明かである。マルガレーテ・ミュラーが隣人のファルク・シュルツェとその妻アポロニア・シュルツェによって魔女の嫌疑をかけられ、牛乳魔術で損害を与えたとして訴えられた。マルガレーテ・ミュラーの件に関しては、「共同体における魔女認定の規則と儀式」のところで詳述する［訳注　一二〇頁以下］。ここではまずシュルツェ夫妻側の見方を紹介する。

夫のファルク・シュルツェは指物《さしもの》職人であり、妻のアポロニアはときたま雑貨を持って多くの村を抜け、ヘッセン州まで売り歩いた。夫婦のこの役割分担は、近世初期においては一般的なものであった。通常、職人の家では妻は夫が作る商品の販売を引き受けたが、しばしばそれ以外の独自の商取引も行った。夫と妻の収入を合わせて家計はかろうじて維持されていた。一七世紀には、とくに小さな田舎町における職人の収入は非常に乏しく、家計は専ら家畜飼育と農業に頼らざるを得なかった。町農民［訳注　町に住む兼業農民］としての経済運営が、近世初期における都市住民の生活を決定していた。牛乳と手づくりのバターは、自分の家で消費されるだけではなく、市場で販売もされた。もし牛が全く乳をださなかったり、ほんのわずかしか出さなかったら、必要とする収入は得られなかった。それでも牛の餌代は必要だったので、生きていくのがやっとという収入しかない家計にとって、牛の乳が出ないということは生存権が脅かされることを意味した。

シュルツェ夫妻はこのような状況にあった。彼らがここ数年の間に飼った牛は、いつもすぐ病気になって死ぬか、乳を殆ど出さないので、アポロニアの表現を借りると「牛乳がゆ」すら作れないほど、不運の連続であった。牛に関する彼らの度重なる災難は、夫婦の見解によると、我慢の限界を越えており、事は尋常ではなかった。彼らは自分たちの牛に魔術がかけられているのではないかと疑った。夫婦はそのことを隣人に話して、どうしたらよいかと尋ねた。その結果、「賢者（ヴァイザー・マン）」に原因究明を依頼することにした。すると彼は牛乳魔術の疑いを指摘した。

魔術は通常、被害または病気が通常のレベルを上回ったとき、初めて疑われた。牛が時々乳を出さないとか、病気のせいで乳が出なくなったとかは、通常のこととされた。しかし、そういうことがあまりにも頻繁に起こり、しかも数年間にわたって改善されない場合に、初めて魔女術あるいは魔術が疑われた。他の領域における他の被害も同じような考え方で解釈された。病気や死は、「普通の」経過をたどらなければ、あるいは従来の説明で満足がゆかなければ、魔術のせいにされたのである。

魔女がどのようにして牛乳魔術をかけるかについては、ガイラー・フォン・カイザースベルクの教理問答集『エマイス（蟻塚）』の一五一六年版に添えられた木版画が参考になる。『エマイス』は、一五〇八年の断食の日にシュトラースブルク大聖堂で、魔女という題目で行われた司教たちの説教を集めたものだ。木版画の挿絵には悪魔との情交や天候魔術などが描かれている。次の絵［図1］は、家の柱に斧を突き立て、その柄を搾って牛乳を大桶に流し込んでいる女を前景に描いている。そうして左の背景に見られる隣家から、牛の乳を盗み取っている。この種の魔術では魔女は牛に近づく必要はなく、考えを牛の方に向けさえすればよかった。

牛乳泥棒の女の絵では、多くの魔術概念が結合している。搾乳動作を真似ること（類感魔術）によって、一本の棒切れから牛乳が流れ出るという。ここでは牛乳は生産されるのではなく、牛から盗み取られる。このことは魔術の法則に基づいている。すなわち、魔術によって新たに作られるものは、何もないということだ。誰かが魔術で手にいれたものは、他の場所から持ってこられたものなのだ。このことは無いのを嘆かねばならない人の側から見ると、その逆を意味する。すなわち、私にないものは、他の人が直接かまたは魔術で盗んだに違いないということになる。その背後には農耕社会で普及していた「財はその総量が一定である」という概念があった。自由にできる土地および土地の収穫や畜産物などは限度があり、それに応じて財の総量は一定であると

図1　牛乳魔術と天候魔術を使う魔女

いうことが体験から知られていた。この社会の中では人より多くの物を手にいれた人は、その分、誰かに損害を押しつけたことになる。つまり、増産は他人の減産の上に達成した行為であった。要するに、ある人の富は他の人の貧困を引き起こしたことになる。このような理屈で、隣人より多くのものを手に入れることは疑惑を招き、魔術と結びつけられた。すなわち、隣人を犠牲にして豊かになる魔術が想定されたのだ。魔女が隣人からものを盗む動機は、嫉妬と憎悪であるとされた。このような説明が多くの魔女裁判で行われた。

牛乳泥棒の責任を問われたシュルツェ夫妻の隣家の女は、意見陳述で一般に普及していた類感魔術、つまり、棒切れを搾って牛の乳を出すという類感魔術の儀式には触れなかった。自分が非難された行為を説明するために、彼女は魔女の動物への変身という概念を用いた。彼女は夜中に猫の姿に変身して家畜小屋に忍び込み、牛の乳を搾り取ったと主張した。それによって、彼女は動物の霊が牛の乳を飲みつくすという、昔からの言い伝えを取り入れたのである。

一五六五年ハーナウで、アンナ・ゲルラッハが魔女として四人の女性と一緒に捕まったが、彼女もまた、牛乳魔術の行使を自白した。彼女は悪霊、つまり、悪魔によって夜、あるハーナウ市民の家畜小屋に連れて行かれて、乳を搾らなければならなかったと供述した。それによると、彼女は悪魔の姿や悪魔の役割以外のことに関しては、現実的な状況描写をしてみせた。要するに、牛乳魔術とは、隠れて他人の牛を搾り、乳を盗むことなのだ。悪魔は悪い考えを擬人化したものとして捉えることができる。禁止された行為を悪魔の勧誘のせいにすることは、通常、よく行われていたことだった。魔女術のステレオタイプに適合させようと、被告人は「丸い木の筒」で乳を搾ったという表現を付け加えた。そのうえ悪い霊が牛の乳を搾り、それがそもそも家畜の死の原因であろうとも言った。

牛乳魔術はバター魔術と密接につながっている。マールブルク出身のカタリーナ・シュタウディンガーは、牛乳から乳脂を取るバター魔術のかどで隣の女から告訴された。隣の女は四週間の間、バター作りに失敗したのに、彼女は常にバター作りに成功していた。それで彼女が疑われたのだ。ここでも、牛乳魔術と同じ思考回路が見られる。

そのうえ、悪霊や魔女は、バターの製造過程を妨害することができると考えられていた。というのは、食品がその製造過程で見せる変化や変形は、すべて悪霊や魔女の力にさらされており、妨害されることもあり得ると考えられていたからだ。このことは、ビール醸造においてもあてはまった。それゆえ、仕事の際には魔女に対する特別予防措置を講じる必要があった。バター作りでは有効な予防魔術として、裸の尻を見せて悪霊や魔女を驚かせ、それによって彼らを追い払うという魔術があった。バターやチーズやビールを作るとき、仕事を成功に導き、豊かな実りをもたらす呪術が使われた。一五二三年、ヴィンターベルク（ヴェストファーレン大公領）で、魔術の行使で告訴されたケッペ夫人は、バターやチーズを生産するときに使われた呪術儀式を、次のように供述した。それによると、彼女は木曜日（木曜日は雷神を称える古代の祝日で、魔女集会の日とされた）の夜に三回、悪魔の名を唱えながら、ニワトコの木を切って笛を作るよう、シュルテ夫人に指示されたというのだ。さらに、この笛に牛乳を入れ、それを牛の餌に振り入れてから、笛をバター樽の中に投げ入れろと言われた。この魔術の儀式を行ったので、彼女はバターやチーズをいつも十分に確保しておくことができたそうだ。

この行為は、作業過程の成功を保証する多くの類似儀式を思い出させる。そこでは、前述の行動が、祝福の言葉や聖者あるいは三位一体への嘆願などと結びつけられていた。魔女裁判で被告人は、拷問による圧力や尋問する裁判官の期待を受けて、悪魔の魔術として、その実践方法を供述した。被告人は魔女術のステレオタイプに合わせようとして、悪魔の助力を求めたと申し立てた。一五二三年に告訴されたヴィンターベルク出身のアーデルハイト・エッピングホーフェンの自白もまた、このステレオタイプに当てはまる。彼女は自分がゲルトルート・ハスケンに習った牛乳魔術について、次のように供述した。彼女は悪魔の名において牛を牧場に連れていき、悪魔の名において乳を搾り、悪魔の名において搾った乳をバター樽の中に注ぎ入れなければならなかった。そうすることによって、牛乳もチーズも十分に確保できたという。悪魔が魔女のバター作りを手伝うという考えは、一四五〇年から一五四二年に描かれたデンマークの教会壁画にも現れている。バター樽のそばに立つ女性の背後または横に悪魔が描かれているが、それによって彼女は魔女であるということがわかる。

女性の現実生活と魔女像との関係は、牛乳泥棒とバター魔女の場合をみてもわかるように、牛乳経済［訳注　牛乳および乳製品がもたらす利益や損益］は、女性の管轄であったということから、具体的に説明することができる。これは女性の労働領域であり、かつ所得領域でもあった。女性は牛に餌を与え、乳を搾り、さらにまた、牛乳を加工してバターやチーズを作った。したがって、この領域における損害は、女性の責任とされた。市場で乳製品を販売することによって、女性は独自の収入を獲得した。だがそれは、他の女性との競争を生み出し、その結果、葛藤が起こり、争いや魔女術批判へと発展することになった。ここでは、人より多く生産し販売する者に対して人々が嫉妬し、その妬みが魔術を仄めかす原因となった。要するに、マルガレーテ・ミュラーは、近隣の女たちより多くのバターを販売したので魔女に違いない、という悪意のある言葉で非難されたのであった。彼女は自分を正当化するために、嫉妬深い女たちに立ち向かった。これは神の祝福であり、つまり、自分は幸運をつかんだのだと抗議した。しかしながら、彼女のこの説明は近隣の女たちを納得させることができなかった。というのは、近隣の女たちは彼女の隣人アポロニア・シュルツェの牛は、乳を殆ど出さないということを知っていたからだ。マルガレーテ・ミュラーの幸運とアポロニア・シュルツェの不運は、互いに相関関係にあると考えられたのである〔訳注　一二〇頁以下参照〕。

天候魔女

牛乳魔術が個人の魔女によってひき起こされ、個々の隣人に損害を与えたのに対して、天候魔術は多くの人々を不幸に陥れることができる集団犯罪だとみなされた。というのは、天候を左右するために、多くの魔女が共に行動したからである。悪天候は国全体に不毛をもたらすので、天候魔女は最も危険な存在とされ、特に厳しく糾弾された。すなわち、嫌疑を受けた女性たちは、集団訴訟にかけられ、所属している共同体のみならず、複数の共同体から迫害されたのである。

天候を左右する女性、天候魔女や雷雨魔女という概念は、元来、一般の魔女信仰に含まれるものであったが、魔女裁判における天候魔女の訴追は、一定の地域に限定されていた。天候魔術は南ドイツとアルプス地方では、魔女罪による告訴の中でも代表的罪状であったが、北ドイツでは例外的罪状であった。天候魔術が恐れられたのは、主としてぶどうや果実を栽培する地域、すなわち、天候依存度が高い文化圏であった。雹に叩き付けられたり遅霜にやられたりすると、全収穫物が壊滅状態になった。借金と経済的破綻は、とりわけ零細農家を脅やかした。ワイン醸造や果実栽培で生計を立てている人々にとって、天候魔女は経済的不安をもたらし、生存権を侵害する存在であった。魔女裁判で天候魔女の告発が増えたのは、不作続きの結果、経済危機と社会的緊張が生じた時期であった。

魔女は一体どのような方法で天候魔術をかけたのだろう。一四九〇年にウルムで印刷されたウルリッヒ・モリトアが著した宗教書『魔女と呼ばれる悪い女たち』に挿入された木版画が、そのことを表現している。この論文は、法学者ウルリッヒ・モリトアがオーストリアのジギスムント大公に依頼されて書いたもので、一五世紀末から一六世紀に変わる転換期に、多くの増刷を重ねた。無名の画家による版画が挿絵として、当時の印刷屋によって挿入された。女性は自ら何も引き起こすことができない、害悪を引き起こすのは悪魔だ、女性はただ、害悪を与えたと思い込まされているだけだ、ということを作者が本の中で述べているにもかかわらず、挿絵に描かれているのは害悪魔術を使う魔女であった。

雹《ひょう》を製造する二人の魔女［図2］が、普通の主婦となんら変わらない姿で描かれている。魔女は主婦か寡婦しか被れないスカーフを頭に巻き、主婦の地位および日常家事代理権の象徴である鍵束を腰にぶら下げている。これによって、すべての女性が魔女になることができるということと、外見だけで魔女を見分けることは不可能であると言うことがわかる。炎の上に描かれている雄鶏と蛇は、伝統的に魔術に使われる動物であるが、同時にまた、豊饒と変化の象徴でもある。旧約聖書でも、すでにこの姿で現れている蛇は、また悪魔でもある。壺から立ち昇る煙は雲を作り、その雲が雹を降らせる。この絵は雹の製造に関して、一般に流布していた概念を具体化したものである。

魔女裁判で告発された女性は、この絵のような天候魔術を使用したという。一五六五年にハーナウで、マルガ・ブレーゲルとアンナ・ゲルラッハが魔女罪で告訴された。彼女たちは一五六四年四月末に悪魔にそそのかされて、エルス・ゴットとアンナ・ゴットとともに天候をあやつり、それによってブドウ畑が冷害を受けたというのだ。アンナ・ゲルラッハが言うには、小枝に火を付けて木や葉を燃やしたら煙が出て、腐らせようと狙ったブドウ畑や他の果樹園の方に広がっていったそうだ。マルガ・ブレーゲルは壺を火にかけて、その中で何かを炒って作り、それによって悪天候が生じたと供述した。天候魔術は時折、火の周りを回る踊りを伴った。その間に液体の入った壺が覆され、魔術が効き始めた。

一六二九年、バイエルンのライヒャースホーフェンでバルバラ・クルツハルスが告発された。彼女は他の女性たちと一緒に悪魔にもらった粉末と軟膏を、悪魔の誓いを唱えながら火の中に投げ込んだ。その結果、空から雹が降ってきた。収穫物を壊滅状態にする霜も別の方法で作り出し

図2　雹を煮沸する二人の魔女

た。彼女たちは穴を掘り、その中に悪魔の粉を振り入れ、次のような呪文を唱えながら、その上に放尿した。「そこで私は悪魔の名において、小便をする。そこから霜が発生して、果実や穀物を腐らせるように」という呪文だ。魔女の尿もまた、雹を製造する際、大切な役割を演じた。雹は尿と水を混ぜ合わせ、それに様々な添加物を加えて、壺の中で煮て製造された。

シュトラースブルク大聖堂の説教者、ガイラー・フォン・カイザースベルクは、女性が一人で使うことができた魔術の例を、自らの四旬節特別説教集（一五一六年出版）のなかで挙げている。魔女は小川の中に入り、バケツの水を頭越しに空中に撒くことによって悪天候を作り出すという。

天候魔術はすべて、自然の移り変わりを真似ることによって天候に影響を与えることができる、という考え方に基づいている。壺から立ち昇ってくる湯気は、雲を作る過程を追体験していた。壺の中身をぶちまけるとか、水を空中に投げるとか、放尿するとかは、雨の経過を類感魔術で再現したものだ。これらの儀式には、釜の中で天気を醸造して大地に注ぐという、古代の天候霊の概念が息づいていた。現代でもなおドイツ語では、雷が発生するというのを、飲み物を混ぜ合わせるという語（ツザメンブラウエン）を使って表現する。

天候に影響を与えるための儀式や方法は、近世初期においては魔女の占有物ではなく、農耕社会で広く行われていた魔術的キリスト教儀式に属するものであった。教会の戸外での聖体行列や「天候警鐘」は、田畑の実りに対する神の祝福を祈願したものであった。教会の鐘の音は、その騒音と神聖な力によって、天候悪霊や魔女を追い払い、悪天候や被害を避けようとしたといわれている。いわゆる雹祭りでも雹を避けるため火が焚かれ、煙で雷や悪霊を駆除しようとした。要するに、天候警鐘や雹祭りは、一種の「対抗魔術」であった。プロテスタントの教会規則では、この風習は一六世紀にすでに禁止されており、一七世紀になるとカトリック教会でもまた、迷信の実践として拒否された。しかしながら、ドイツの殆どの地域において、この風習は一九世紀に至るまで守られたきた。

もし、ハーナウ出身のアンナ・ゲルラッハとマルガ・ブレーゲルが、ブドウ畑に悪天候をもたらすため、悪霊に導かれて火を焚いたと供述したのなら、彼女たちは雹祭りの儀式の逆を行ったことになる。魔女術は逆転の世界、不幸と幸せが逆転する世界であるということを、被告人は知っていたのである。彼女たちが供述した豊饒儀式やキリスト教の呪術は、悪魔の助力によって、その効果が逆転させられたものであった。豊饒をもたらす代わりに、魔女は田畑を荒廃させた。ヴェストファーレン大公領での初期の魔女裁判からは、天候魔女が天候祈願の祈禱と結びついており、これが魔女に逆用されたということが明確に読みとれる。ヴィンターベルク出身のアーデルハイト・エッビングホーフェンが一五二三年に告白したところによると、彼女はゲルトルート・ハスケンやカタリーナ・ヘルデとともに、このところ雨が降らなかったので、大雨を降らそうと思ったという。この行為はいかなる脅威も損害ももたらさなかったので、彼女を魔女として逮捕するには、この儀式に魔女術のステレオタイプである悪魔との契約という意味合いを含ませて、魔女踊りを悪魔と共に執り行ったということにする必要があった。

豊饒儀式と雨乞い魔術は、農民社会の伝統儀式であった。キリスト教以前から伝わるこの儀式は、中世以降、キリスト教教会によって迷信または異端として禁止された。ヴォルムスの司教ブルヒャルトが一一世紀初頭に著した贖罪規定書には、魔術行為に関するものがある。その中のいくつかは、特に女性に向けられたもので、次のような質問で始まる。「おまえは、女たちがよくやることをやったか。」このことから、中世の農耕社会では、農作物の成育に必要な雨を魔術で呼び寄せることは、女性の役割であったということが推測される。この儀式は集団行動であった。未婚の若い女性の集団から一人の少女を選び出し、歌を歌いながらその少女を裸にして小川まで連れていき、若枝で水面を叩いて少女に水をかけた、というようなことが記載されている。

天候に影響を及ぼすことは、北イタリアでは一七世紀にはまだ女性の仕事であった。フリウリ地方では、女性には体を使った呪術によって、天候に影響を与えることができる力が授けられているとされていた。もし女性が尻または生殖器を露出させて天に向け、まじないの言葉を唱えたら（それは共同体の中の女性同士の間でのみ受け継がれてきた言葉だが）、滝のように流れ落ちる雷雨の流れを止めて、代わりに豊饒をもたらす雨を呼び寄せることができると信じられていた。裸の尻を見せることは、バター魔術のところですでに見てきたが、防御魔術の一種として広く流布していたそうだ。

学識者の間では、天候魔術は極めて論争の余地がある魔術であった。ガイラー・フォン・カイザースベルクは、「バケツの水を後ろ向けに投げて呪文を唱えても、現れるのは雹ではなく、この儀式を見ていた悪魔だけだ」と主張した。神学書のなかの魔女論には、次のようなステレオタイプの説明がみられる。悪魔はいつ悪天候がくるかを前もって知っていて、魔女に天候魔術を行使するよう囁きかけ、それを魔女自身が引き起こしたのだと信じ込ませたという。ここでは学識者たちは、実際の魔術行為に基づいて天候魔術を捉えていたということがはっきりとわかる。彼らは魔女の中に、魔術の力を確信して害悪を呼ぶ儀式を執り行う女性たちの姿を見ていた。その意図ゆえに、魔女たちは罰せられなければならなかった。他の犯罪者たちと同様に、行為を行う前に捕まえなければならなかったのだ。

病気や死を呼ぶ魔女

一六〇二年、聖霊降臨祭の前の金曜日、ホルン市（リッペ伯領）で墓掘人の妻イルゼ・リヒトは、彼女自身の表現によると、「魔女」攻撃の犠牲になった。イルゼが教会広場にある自宅から洗濯物を干しに外に出ると、寡婦グローネが教会へ行くところだった。イルゼがドアを開けておくために、敷居に石を置いてから体を起こすと、靴屋の親方の家の前をもうとっくに通りすぎていたグローネが、引き返して来た。墓掘人の妻があっという間に、グローネは家の前に来て、「この恥知らずめ！」と叫びながら、彼女に唾を吐きかけた。その途端、イルゼの腕は萎えて垂れ下がり、彼女は抱えていた洗濯物を落としてしまった。グローネの声でイルゼは仕事ができなくなり、自分が死んでしまったかのように感じた。それから彼女は体の左半分を、体、腕、脚の順に「何か」が走り抜けるのを感じた。この瞬間から彼女は体の痛みと耳が聞こえない病に苦しめられ、その状態が一年間も続いた。これは寡婦グローネが魔女で、彼女が魔術をかけたからに相違ないと思う、と墓掘人の妻は市参事会で力説した。一方、グローネの方は一連の出来事を全く異なったふうに解釈していた。イルゼがヨーハン・トイトマンと姦通していると思っていたから、「恥知らず」という罵りの言葉と唾で彼女を非難したつもりだった。イルゼに起きた現象は、いわゆるぎっくり腰の一種であろう。今日でもぎっくり腰のことをドイツ語で「魔女の一撃（ヘクセンシュス）」と表現するが、それは突然の痛みに襲われて歩けなくなる現象に使われる。魔女は隣人の手足に病気の矢を射ると世間ではいわれていた。

ウルリッヒ・モリトアの宗教書『魔女と呼ばれる悪い女』のなかの木版画に、この害悪魔術は矢と弓を使った実際の射撃として描かれている［図3］。この武器は、魔女が言葉や意思や視線によって、人に「病をもたらす」ということを象徴している。この絵では「犠牲者」の男性は、矢を射られて突然の麻痺に襲われ、今にも倒れるところだ。このような絵によって、魔女は主として男性の敵であるというような印象が与えられた。しかしながら、現実は異なっていた。イルゼ・リヒトとグローネの一件は特殊な例ではなかった。共同体のなかでは、女性同士の争いが害悪魔術による非難の引き金となったのである。

図3　矢で射て病気をもたらす魔女

ルターは魔女が人々を矢で射って麻痺させ、「枯死させる」と述べたが、この考えによると、魔術に原因があるとされた病気は、痛みや麻痺症状がでる病気、突然手足を襲う病気、長期の闘病で生命力をなくす病気などである。「枯死する」という表現は、枯渇してしまったもののイメージを含んでいる。魔女は自分の「獲物」から、ゆっくりと生命の液を吸い取って生きており、老婆は若者の体液を飲んで生きていると信じられていた。この概念は吸血鬼として現代でもなお生き続けている。牛乳魔術の場合と同じように、ここでも害悪魔術は泥棒とみなされた。牛乳の代わりに魔女は生命の液や生命力を盗んだのだ。いずれの場合も、魔女は他人のものを盗んで生きていた。

とくに次のような病気は、魔女術が疑われた。どんな治療も受け付けない病気、不自然だと思われる病気、体が異常に醜くなる病気、体に色がつき黒くなる病気などだ。体の開口部から入る害虫や有害動物は、魔女と結びつけられた。魔女裁判の証人は、病人の体からトカゲが這い出してきたと供述した。家畜の死もまた魔女のせいにされた。もし皮剝ぎ人が家畜の体内に蛇やヒキガエルを見つけると、それは害悪魔術の有力な証拠とされた。魔女のせいだとされる事項は、地域によって異なっていた。一六世紀のリッペ伯領では、子どもや青年が病気で目が見えなくなれば、それは魔術によるものと考えられた。

特定の種類の病気だけではなく、発病状況によっても、魔術の行使が疑われた。イルゼ・リヒトの場合は、グローネが彼女に向かって唾を吐いたことや、屈辱的な言葉を浴びせたことが、彼女の体内に病気を送り込む行為であったと認定された。「悪魔を体内に呪い入れる」という言葉は、魔女術ではよく使われた表現であった。また、魔女の唾にも同じように魔力があると考えられていた。トゥンデルン（カーレンベルク＝ゲッティンゲン大公領）出身のコルト・ジーフェルスは惨めな病気にかかり、誰が彼を「こんな目に合わせた」のか知りたいと思った。するとヴァルターベルク夫人が、悪い皮膚（魔女に対する一般的な表現）が十字路で、彼の足跡に唾を吐いて病気をもたらしたのだろうと言った。

マールブルク出身のカタリーナ・シュタウディンガーも、人々を麻痺させたと非難された。その麻痺を解くには、彼女自身が触れなければならなかった。一七歳のエリーザベト・ハウクの証言によると、エリーザベトは老婆シュタウディンガーに一緒に街外れの菜園についてくるようにと言われた。老婆は彼女に菜園に落ちている果実を拾わせてやると言ったのだ。菜園に着くと、彼女はまず、老婆の頭の虱取りを命じられた。頭や服に虱がつくことはそう珍しいことではなかった。彼女がシュタウディンガーの頭の虱取りをしている間、老婆の手はずっと少女の腰に置かれていた。その後しばらくして、少女の腰に激痛が走り、脚が麻痺した。

パン屋の職人ハンス・シュミットがビール醸造所の中庭で薪を割っていたとき、カタリーナ・シュタウディンガーがマイシェ［訳注　ビール醸造用の麦芽粉末と温水を混ぜ合わせたもの］を満載した籠を頭の上にのせて中庭にやって来て、あたりに散乱する薪の上をうまく越えるため、ハンスに手を引いてくれるよう頼んだ。彼女に触れた途端、ハンスの脚に激痛と麻痺が起きた。また、薬屋のマティアス・シュロットの娘も、道でシュタウディンガーに出会ったとき、老婆に腕をつかまれた。老婆は足を滑らせたので、転ぶまいと少女の腕をつかんだ。するとその夜、少女は腕に激痛が走り発熱した。そこで、少女と両親はカタリーナが魔女術をかけたのだと確信した。転びかけたというのは、娘に危害を加えるための陰険な口実にすぎないと両親は申し立てた。

魔女は接触や呪文によって、人や家畜を病気にするという見方は、広く行われている治癒行為に結びつけられていたし、同時にまた、それは魔女術に逆用されることにもなった。接触によって治癒するということは、手を置くことと祝福の言葉を結びつけることで治癒するということを意味した。手脚をなでて、それによって、病気を体から引き出すということは、一般に普及していた行為だった。

しかし、魔女は自分の獲物を麻痺させるのに、直接対決して「撃つ」という方法だけを使ったわけではない。魔女はその場にいなくても、魔術を使って人々を病気にすることができたし、また、家の敷居や人々が立ち止まる場所で、呪術の影響をうけやすくすることもできた。魔女が害を与えたいと思っていた人が敷居を踏み越えたとき、その人の体に麻痺が走った。

一五七二年、ホルツハウゼン（リンゲンベルク地方）出身の女中アンナは、ノイマイヤー夫人の訴訟で原告側の証人として次のように証言した。ノイマイヤー家の敷居をまたいだ途端、脚に痛みが走り倒れてしまった。そのあと、アンナは歩行障害に見舞われ、満足に歩けない状態が続いた。女主人であるノイマイヤー夫人は部屋の掃除をしてから、敷居にゴミを置いたままにして、それで悪霊を呼び寄せようとしたのである。悪霊の攻撃にあったという女中の主張は、敷居魔術の行使を訴えただけではなかった。女中のアンナはノイマイヤー家をやめて、ユンカー［訳注 地主貴族］であるブルック家で働いていたが、この日、彼女は荷物を取りに、ノイマイヤー家に戻ってきたのだ。女主人はお別れに温かいビールを勧めたが、アンナは辞退した。おそらく、奉公をやめたことに良心の呵責を感じており、女主人の復讐を恐れたからであろう。敷居の上のゴミは霊的な力を集めるという言い伝えを信じる気持に恐れが加わり、それらが引き金となって、「発作的な衰弱」を誘発したものと思われる。

敷居魔術は敷居の下に魔術の鍋を埋めたり、ノイマイヤー夫人のように、敷居の上にゴミを置いたり、液体を撒くなどして引き起こす魔術である。一五六二年、ヒルデスハイムのジーベルク夫人の自白に、ニワトコの葉の煮汁と雌鶏の血を隣家の扉の前に撒き、最初に敷居を跨いだ者に「災難が降りかかるように」と願かけをして、隣のメラー家の子どもを病気にしたというのがある。

魔女が使う敷居魔術は、他の害悪魔術と同様に善を悪に変えるものであった。しかし、敷居魔術には元来、家と家族を守ってくれる善良な守護霊を呼び出し悪霊を追い払うという、肯定的な要素も含まれていた。現代でも戸口に蹄鉄をかけたり、枝や葉で作ったリースをかけたりする風習があるが、これも敷居を守る魔術の一種といえる。魔女が家や厩の敷居の下を掘って、髪の毛、指の爪、足の爪、脂、骨、牛乳、糞便などを入れた魔術の鍋を埋め込んだ、などと根も葉もない噂がたてられた。それはこの鍋が麻痺や脚の奇形をもたらすだけではなく、時間をかけて「枯渇させる」という役目も果たしたからである。つまり、魔術の鍋は、あい続く不幸や経済的破綻や死などをもたらし、人々の生命力や財産を吸い取って生きる悪霊を家に招き入れる力を持つと信じられたのである。

一五二三年のヴィンターベルクの訴訟では、殺そうと思う人の家の敷居に、豚毛と人骨を埋めろと悪魔が教えてくれた、と被告人ゲルトルート・ハスケンとアーデルハイト・エッビングホーフェンが供述した。

魔女が調合する素材は、魔術の鍋の中で呪力と相互に作用し合うと考えられた。これと同じ相互作用の原理によって、魔女が「獲物」用の餌に入れたり、体に塗ったりする「毒」が病気を引き起こした。魔女として告訴された女性は、人や家畜を殺したり、病気にしたりする力を持つ粉薬、膏薬、飲薬、薬草などについて述べたり、または、単にビール、スープ、牛乳、家畜の餌などに混入した「物質」について供述したりした。毒を混ぜることは、魔術と密接につながっていた。すなわち、「術」(クンスト)は、物質の調合に関する呪術の知識や素材の知識、および害悪をもたらす力を物質の中に注ぎ込む魔術の呪文や儀式についての知識などから成り立っていた。ある物質が薬になるか毒になるかは、材料の計量具合にかかっていたし、また、添えられた言葉や込められた意思という呪術的概念にもかかっていた。

したがって、魔女が与えるものには、死の危険が伴っていた。というのは、魔女が手渡すものは、魔女の悪意によって有毒なものに変えられていたからだ。このような理由から、贈り物（ガーベ）と毒（ギフト）の言語上の姻戚関係が明らかになる。魔術によって病気にすることを、低地ドイツ語地域では「フェアゲーベン」という。妬んで害をもたらそうとする気持ちを授けるという意味である。与えられた物のことを、「フェアギフト〔訳注　有毒化の意味〕」という。贈り物や天賦の才を意味する英語の「ギフト」には、その言葉の本来の意味がまだ残っている。いくつかの例が挙げられるが、処方薬はその一例だ。有毒だが人を殺すほどの効力はない動物などが、加工されて作られたのが処方薬だ。ヒキガエル、サンショウウオ、イモリなどの動物が持つ象徴的な意味と、その動物たちの皮下腺にある毒とが結びついて、魔術効果を創出した。そしてそのような動物たちは悪魔の側に分類されたのである。

もし魔女が、自分が狙った相手に林檎を贈って危害を加えたとされる場合、この林檎は実際に毒が入れられていたというわけではなかった。林檎は生命を脅かすものであった。というのは、林檎は原罪の象徴とみなされ、林檎を食べた結果、人間は不死の命を失い、死すべき存在にされてしまったからだ。林檎は性愛魔術と結びついて、「死」を意味するものであったのだ。林檎は白雪姫のメルヒェンでは、継母が姫に与える毒として知られているが、魔女の自白の中でも、害悪魔術をもたらす道具として、林檎は頻繁に出現する。したがって、子どもに林檎を与えることは、女性にとって危険を伴うことであった。子どもの麻痺や盲目や死などは、とりわけ低地ドイツ語地域では、女性からもらった林檎を食べたせいにされた。害悪魔術と治癒魔術とは、毒を入れるという点で似通っている。治療薬も治療の一種とみなされていた諸要素、すなわち呪文や祝福、言葉のもつ力や願望の強さなどに左右されるので、ただちに効力が発揮されるというわけではなかった。意思の力に治療薬の象徴性が加わることによって、物質は治癒力のあるものに変えられるのであった。この考え方はまた、キリスト教の儀式やミサにおける聖変化や聖別されたものなどが、特別な力を持つという見方にも影響を与えている。

病気や死をもたらす魔術師としての魔女は、単に、医術の心得がある女性だけに対する誹謗として捉えるべきではない。女性の害悪魔術に対するそのような見方は、すべての女性の労働の場および役割分担、すなわち、病人看護、食品調理、家の中での女性の地位などと結びついていたからこそ、集団的な影響力を及ぼすことができたのだ。病人の看護と世話は、通常、女性の家の中での仕事とされていた。女性はまた薬草の効用や調合法および祈禱などを知っていた。「家の処方箋」は、ジッペ［訳注　古代ゲルマン社会の氏族共同体］内の女性間で母親から娘または嫁へと受け継がれていった。病人にたいする責任を担っていた女性が、病気に対する責任も原則として負わされたのであろう、ということは容易に察しがつく。

食品製造の分野に関しても、同様のことがいえる。もし誰かが料理を食べた後で病気になったら、料理を作った女性に嫌疑がかかった。腐った食品は、実際、人を病気にすることができた。そのうえ、食品製造と食品調理の労働過程は、呪術と密接な繫がりがあった。発酵させたり、醸造したり、煮たり、瓶詰めにしたりすることは、完成までに変化の過程を経る。その過程が霊たちの影響で妨げられることもあった。このことはバター魔術のところですでに述べたとおりだ。もし告訴された女性が自白して、自分は人々を薬草入りの「暖かいビールで病気にした」と言ったら、これは実際の行為と結びついていた。ビールを作るとき、飲み物の味を良くしたり、酔いを強めるため、薬草が加えられた。家庭における自家消費用のビール醸造は、女性の仕事だった。女性の労働道具である鍋の中に素材が入れられ、それが有害な力を持つ物質に変えられた。ここから「魔女の料理」という概念が生じた。魔術の鍋は敷居の下に埋められたり、天候を作り出すために使われたが、これは害悪魔術と女性労働との具体的な関連を示している。女性が鍋の中で醸造したり煮たりしたものは、栄養になることも、害になることもあった。鍋は布団カバーと並んで女性の相続財産であり、娘によって相続された「ゲラーデ〔訳注　母から娘への相続財産〕」であった。そのうえ、鍋は昔から女性の体を象徴するものとみなされてきた。妊娠は身体という容器の中で行われる「呪術的」変形とみなされた。

家の敷居を守る魔術は、女性の任務であった。また、それは家の中での女性の役割と密接な繋がりがあった。家は主婦の支配領域であったし、主婦は貯蔵品を管理し、鍵権を持ち、子どもや使用人をその管轄下に置いていた。主婦の評判が家の名誉を大きく左右した。その限りにおいて、主婦もまた、象徴的な見方をすれば、有害な影響を近づけないように配慮する「敷居の守護女神」であった。

子どもを食べる魔女

子どもを食べる魔女という見方は、メルヒェンの中の魔女像だけではない。魔女として迫害された女性も、また、そのような残虐行為をしたと噂された。魔女に関する学識者の論文の表紙絵には、乳飲み子を火にかけた釜の中に放り込む女性や、小さな子どもを直接火の中に投げ込む女性の姿〔図4〕が描かれている。

その典型的な例が、ヘンゼルを焼こうとした魔女である。『魔女の鉄槌』では子どもを食べる魔女として、産婆が挙げられている。産婆は洗礼前の新生児を悪魔に手渡し、殺した子どもから軟膏を作り、そのうえ、子どもを食べると思われていた。また、一六二七年に発行された『魔女新聞』には、フランケン地方のフロイデンベルク出身の産婆が、新生児を殺して釜に入れ、水煮して悪魔と共に食した、という魔女審問の内容が報告されている。その際、産婆は母親の生んだ子どもの代わりに、悪魔の子を「取り替え子」〔訳注　障害を持って生まれた子は、小人などによって正常な実子と取り替えられたと信じられた〕として揺り籠に残し、さらに、子どもを煮た汁を路地や敷居に撒いて、人々に麻痺を起こさせたという。

子殺しの儀式はユダヤ教や初期のキリスト教、異端のテンペル派やカタリ派などで行われたと考えられる。ユダヤ教のサバトの概念が魔女に転用され、取り替え子の話などが挿入されて、子どもの敵である魔女、子どもを食べる魔女の概念が成立した。このようなステレオタイプの概念

TRACTAT
Von Bekanntnuß der Zauberer vnd Hexen. Ob vnd wie viel denselben zu glauben.
Anfängklich durch den Hochwürdigen Herrn Petrum Binsfeldium, Trierischen Suffraganten/vnd der H. Schrifft Doctorn/kurtz vnd summarischer Weiß in Latein beschrieben.
Jetzt aber der Warheit zu stewr in vnser Teutsche Sprach vertiret/durch den Wolgelerten M. Bernhart Vogel/deß löblichen Stattgerichts in München/Assessorn.
EXOD. XXII. CAP.
Die Zauberer solt du nicht leben lassen.

Gedruckt zu München bey Adam Berg.
ANNO DOMINI M. D. XCII.
Mit Röm: Kay: May: Freyheit/nit nachzudrucken.

図4　子どもを殺す魔女

は、魔女として告発された女性が、拷問の圧力の下で認めたというだけではなく、日常の中でも生き続けていた。フロイデンベルク出身の産婆が魔女術で訴えられた本当の事情は、出産介助における彼女の不器用さが原因であった。新聞によると、彼女は赤子を取り出す際に、頭を強く押しつけて圧死させてしまったことが何度かあったそうだ。この事件には、当時のステレオタイプの魔女像が投影されている。産婆は悪いことを企て、悪魔と契約して魔女として振る舞ったのだと非難された。その魔女像が、さらに、身の毛もよだつような妄想へと発展していったのだ。

人気のある書物の中で［訳注　例えば次の本がそれに相当する。B・エーレンライク／D・イングリシュ著、長瀬久子訳『魔女・産婆・看護婦』法政大学出版局　一九九六年］、産婆は魔女狩りの対象であったと述べられているが、実際はそうではなかった。このことは迫害された女性の中で、産婆の数が極端に少なかったことからも証明できる。西洋近世の社会の中で産婆は、生命を取り出す重要な仕事に携わっていたので、一般に迫害されることはなかった。魔女裁判で産婆が告訴されたのは、極端に多くの赤子を死産させた場合だけだった。しかしながら、赤子を魔女術で殺したと非難されたのは、産婆に限ったことではなかった。産婦と接触があった他の女性たちも、赤子が死ぬと、魔女だと非難された。

マルガレーテ・ミュラーは、ノイシュタット出身であるハンス・ミュラーの妻だが、一六五七年に隣人ラントフェルデン夫妻の「生後六週間」の嬰児を、魔術で殺したと告訴された。ラントフェルデンの妻が産褥の床についている間、彼女は二回見舞いに訪れて乳飲み子を抱き上げた。

一回目は洗礼の二日前で、揺り籠から赤子を抱き上げた途端、赤子が泣いたので、口にキスをしてから母親に返した。すると、その後、赤子は何も飲まなくなった。おそらくマルガレーテが口にキスしたので、赤子の口が「閉じられた」のだろうと赤子の祖母は推測した。洗礼後に赤子は回復し、再び元気になった。洗礼後に回復したのは、赤子に魔女術がかけられていたことの証明となった。洗礼式が魔女の力を打ち破ったと思われたのだ。そのうえ、祖母はキリスト教の対抗魔術をかけた。祖母は洗礼後子どもを腕に抱き、マルガレーテ・ミュラーの魔女術を解くため、次のように唱えた。「いとしい子よ、おまえの口が塞がれたのなら、神が、聖なる五つの傷が、その口を開けてくださるように。父と子と聖霊の御名によりて、アーメン」

二回目は洗礼の一週間後、マルガレーテ・ミュラーが再度ラントフェルデンの家にやってきたときである。隣家の老婆を草刈り人として雇いたいという舅の意向を伝えるために、彼女はやって来たのだ。彼女は産婦の部屋に行き、「赤ちゃんに会わなきゃね」と言いながら揺り籠の所まで歩み寄り、「可愛い子だ」と言って、頬を軽く叩いて愛撫した。その後、乳飲み子は再び病気になり、しばらくして死んでしまった。これによって、ミュラーの妻は赤子に「吸い取るものかまたは蝕むもの」を与えたという嫌疑がかけられた。

この場合、子どもはおそらく病気で死んだものと思われるが、子どもを食べるという概念は、病気を象徴的に表現したものである。「消耗させるもの」とは悪霊のことであり、悪霊つまり魔女である隣の女が、子どもの生命力を吸い取って、自らの糧にしたのだ。このような見方がどんな恐怖を呼び起こすかについては、この事件に関する隣家の老婆の供述を記録した書記の反応を見るとよくわかる。というのは、書記は「消耗させるもの」について述べるとき、「神よ、我らを守りたまえ」という言葉を、魔除けの呪文として文中に書き加えていたからである〔訳注　マルガレーテ・ミュラーに関しては一五二頁以下参照〕。

日常生活では、「揺り籠の中の子どもを苦しめる」魔女の行為は、病気という形をとって象徴的に現われた。魔女が人間世界から飛び去り、サバトに到着すると、そこで初めてこの象徴は具体化され、子どもは「本当に」煮られ、食べられた。ミュラーの妻の「赤ちゃんに会わなきゃね」という言葉は、恐ろしい意味を含んだものと母親には思われた。それによって、産婦の部屋でいけにえを捜していた魔女の正体が暴かれたからだ。なぜなら、子どもを誉めることは、魔女の口から病気と死をもたらす「霊を呼び出すこと」と見なされていたからだ。

現実に新生児の死亡率が高く、魔女術に対する恐れが強かったので、トゥルーテン（夢魔）、フェー（妖精）、取り替え子などについて語り伝えられている物語と、魔女は飛行用の膏薬を作るのに死んだ子どもを必要としたという説とが結びつけられた。昔から産室は、呪術や悪霊の影響を極力避けねばならない場所であった。そのような見方は、現実的であり、また、象徴的でもあった。産婦と「生後六週間」の子どもは、この時代、まだ非常に病気にかかりやすい状態であり、死に脅かされていた。ミュラーの妻は、生後まだおよそ一〇日にしかならない新生児の口にキスをした。それによって、彼女が病原菌を移して赤子を「病気にした」という主張は、まったく根も葉もないことではなかった。

昔から産室では、母子保護と悪霊駆除のために儀式が行われてきた。「いばら姫」のメルヒェンには、そのような儀式が描かれている。賢女は揺り籠のうえから祝福の言葉を与え、子どもに「すばらしい贈り物」をした。メルヒェンはどんなにたやすく、善が悪に変わるか、祝福の言葉が死の呪いによって否定されるか、ということを教えてくれる。揺り籠の中の子どもに贈り物や祝福を与えた女性には、金の皿に盛られた料理が出された。彼女たちは、祝いの料理によって友好的な気分になっていたと思われる霊たちであり、同時にまた、産室にやって来て、産婦と一緒に食べたり飲んだりして祝った近隣の女性たちでもあった。一五世紀においても、老婆による子どもへの祝福や、「迷信がかった」産褥風習はまだ存続していたが、これらの行為は聖職者によって厳しく批判された。そして母子が危険にさらされているということは、もちろん教会も理解していた。産室には多くの人々がやって来るので、その中には悪魔がいるかもしれない、と説教師ガイラー・フォン・カイザースベルクは、一五〇八年にシュトラースブルクの村人に警告を発した。それによって、彼は揺り籠の子どもに魔女術をかけるのは、女性ではなく悪魔である、と主張したのだ。

キリスト教の洗礼は、悪魔の力を防ぐものと考えられていた。したがって、洗礼は誕生後できるだけ早く行われねばならなかった。通常、名づけ親が子どもを教会まで連れて行った。母親は産後六週間は家にいなければならなかった。したがって、カトリック地域では、六週間経ってから、産婦は教会で祝福と浄めの儀式を受けなければならなかった。一方、ルター派の教会規定も、一六世紀には産婦が産室から出ることを禁じていた。六週間後、産婦は教会へ行くため、産後初めて外出をした。

産室は女性の部屋であり、産婦には近隣の女たちが付き添わねばならなかった。したがって、この領域で害悪魔術の非難を受けたのは、当然女性であった。通常、近隣の女性たちが産婦の面倒をみた。裕福な市民の家では、六週間の間、特別に女中が産辱奉公人として雇われた。彼女は赤子と産婦の世話をし、家政における主婦の役割も担った。産辱奉公人の女中は、近隣の女性と同様に、乳飲み子が死ぬと、魔女術を行使したと疑われる潜在的要素をもっていた。たとえば、一六六九年、アウクスブルクで産辱奉公人アンナ・エベラーが、魔女として告発され処刑された。絵入りのビラによると、彼女が働いていた多くの家で、生後六週間の赤子が乳を飲まないという奇妙な病気にかかり、ラントフェルデンの子どもとよく似た症状で、死んでしまったそうだ。

男性性器泥棒と売春斡旋人の魔女

男性から「男の象徴」を盗み、その器官を「相当数」鳥の巣または引き出しに集めて、穀物で餌付けした魔女について、ドミニコ会士ハインリッヒ・インスティトーリスは一四八七年、『魔女の鉄槌』で報告した。彼はこの出来事を、悪魔の仕業でなされている錯覚だと説明したが、同時に、魔女は悪霊の助けを借りて、言葉巧みに、男性に男性性器をなくしたと思わせることができるし、また、「男性性器の喪失を一種の病気だと思い込ませる」ことができると強調した。このような見方は、独身生活を強いられたことから生じた聖職者の妄想として、片付けられる問題ではない。インスティトーリスはその著書で、教皇の異端審問官として彼が自ら体験したことや、実際に何度も見たり、聞いたりした出来事について解説したのだと強調した。

「ある種の魔女が男性性器に関して驚くべきことができる、というのは疑いの余地はない。それは、実際に、非常に多くの人が見聞きしているし、見たり触れたりすることによって、あの器官に関する真実がわかった、という噂話からも明らかだ。」

魔女術で除去された男性性器の話は、聖職者を嘲笑するために語られた。性器をなくしたので魔女のところにやって来た男に、魔女は多くの性器を集めていた巣から一つ取り出すことを許した。彼が特大の性器を取ろうとしたとき、魔女は抗議した。というのは、これはある聖職者のものだったからだ。魔女術で告発された女性たちを死に至るほど深刻な状況に追い詰めたのは、なんとこのような滑稽な話だったのだ。彼女たちには、このような滑稽な話と一致した供述をすることが期待された。

一六二九年、バイエルンのライヒャースホーフェンで、バルバラ・クルツハルスが次のように自白した。彼女は最初の夫ミヒャエル・ロイターともう一人、彼女と性的関係にあったゴッテスホーフェン出身のヴォルフ・ヴィットマンの男性性器を奪い取った。悪魔からもらった軟膏を手に塗り、「二度と私とできないように、悪魔の名においておまえのおちんちんを取る」と言いながら、夫が寝ているとき、夫の「もの」をつかんで取り去った。数日後、彼女は夫の性器をイルム川に投げ込んだ。この自白は審問の際、男たちに無理やり言わされたものであるのか、それとも、嫌な夫の性器を魔術で防ぐため、彼女の想像力が生み出したものであろうか。「二度と私とできないように」という呪文から、その答えを推測することができる。

魔女像の「性的」要素は、今日では専ら男性の想像力によるものであり、精神分析学では、男性の去勢恐怖に対する表現として解釈される傾向がある。それは、一九世紀に成立した妖婦（ヴァンプ）という見解、すなわち、男性を誘惑して食いつくす魔女には当てはまるだろう。しかし、近世初期の魔女が、「夫婦の下肢に魔法をかけて情交を迫る」能力を持っていたとすれば、それは、快楽と欲求を自在に起こさせたり取り去ったりする女性の力に対する男性の恐怖心である、と片付けてしまうことはできない。あらゆる害悪魔術の概念と同様に、男性の性的能力を奪い去る魔女像は、現実を象徴的かつ具体的に表現したものである。なぜなら魔術がもたらす害悪は、被害者にとっては食料の損失、生命力の奪取、豊饒の妨害という形をとったからである。魔女は牛から乳を盗み、女性の乳房から母乳を干上がらせ、血液や精液などの液体と考えられていた生命力を枯渇させた。魔女は産み出す力を奪い去るという見方が、これら一連の行為には共通する。魔女は動物や畑を不毛にするのと同様に、男性や女性を不妊にすることができた。男性性器の喪失は、生産力の損失を象徴する。そして、それは民話の中で独自の現実性を帯びた形で語られた。

昔から男性は、自らの不能を女性のせいにしてきた。女性が実際に、呪術を用いて男性の欲望を支配しようとしたので、このように非難されたのだ。性愛魔術は夫の愛や欲求を確かなものにするため、妻によって行使された。それによって、妻は夫を自分にしっかり結びつけ、他の女を欲しがらないようにしようとした。ここには、恋仇の女に対して夫を不能にするという、妻の意図が含まれていた。

中世の性愛魔術は、ヴォルムスの司教ブルヒャルトの贖罪規定書によって伝えられている。性愛魔術は女性の行為であった。食品の調理に関する責任は女性が担っていたので、女性は男性に影響を与えることができたし、またその方法も知っていた。飲み物や焼き菓子に月経の血が混入された。経血は精液に当るとされ、中世の見方では新しい生命は、血液と精液の混合により生じるとされた。この調合には、豊饒魔術との関係がはっきりと読み取れる。その他の方法の背後には、欲望を生じさせる女性の体の呪術力が、料理の中に移行し、男性をその女性に結びつけるという考え方が存在していた。魚を女性の秘部に押し込み、魚が死ぬまでそうしておいてから、魚を焼いて自分の夫に食べさせた。パンを裸の背中の上で捏ねさせた。女性は自分の裸の身体にハチミツを塗りたくり、それで小麦の中を転がり回り、身体に残った小麦の粒を集めてパンを焼いた。

近世初期においても性愛魔術は、まだ、ごく普通に行われていた。証人や被告人が魔女裁判で供述した内容は、贖罪規定書に挙げられていたのと同じ原則に従っていた。一四八五年のインスブルックでの訴訟では、一人の証人が性愛魔術の方法について次のような供述をしている。生きたままの黒い雌鶏から取り出された心臓を、女性の「秘部」に置いてから焼き、夫に性的欲望を抱かせるため、それを食事として出した。また、白パン（ゼンメル）や林檎を女性の陰部に一晩置くか、または、脇の下に置いて汗で濡らすかしてから、夫に供したことなどが、リッペ伯領の魔女裁判で述べられた。リッペ伯領ブロムベルク出身の羊飼いドロテーアは、性愛魔術の専門家であった。一五六一年に行われた魔女裁判では、ドロテーアから薬草や小枝をもらい、恋仇の女のベッドに置いておくように言われた、と証人が供述している〔訳注　ドロテーアについては六七頁参照〕。魔術の道具は、男と恋仇の女との性交が成就しないようにするためのものであり、また、正式な花嫁として、彼が自分を欲するよう、仕向けるためのものであった。

この例からもわかるように、性愛魔術は性欲を起こさせたり、夫婦の貞操を守ったりするためだけに使われたのではなく、結婚に際しては、物質的な利害のためにも使われた。女性も男性も結婚によって財産や地位を獲得することができたので、結婚計画や結婚仲介は近世初期社会では重要な役割を演じた。とりわけ、結婚の際、取り立てて言うほどの物的財産を持参していくことができない人が、条件のいい婚姻に漕ぎ着けるための手段を性愛魔術に求めることが多かった。

呪術を使う結婚仲介人という点で、魔女像は売春斡旋人とつながる。性愛魔術に通じていた売春斡旋の老婆は、魔女または売女と罵られ、笑い話や民話の中では人気のある登場人物である。売春斡旋魔女は、自分の結婚計画あるいは依頼主の結婚計画を実行するため、死をもたらす害悪魔術を使ったり、結婚予定の夫婦を不妊にしたりした。

一五六四年にリッペ伯領のホルン市で、エリーザベト・ポイゼンダールは、前述の結婚仲介魔女として、ヘルマン・ロスの妻を魔術で殺したと噂された。というのは、ヘルマン・ロスを寡夫にして、自分の娘と結婚させたかったからだ。魔女として告発された女性たちは、花嫁を魔術で殺すことによって、自分の息子の望ましくない結婚を解消させたと自白した。一五八四年、ホルン市出身のマリー・ローゼラーは、町の秘書官である義理の兄が、市参事会員であるヘレン家のアンネと結婚したことが許せなかった。それゆえ、彼女は、アンネ・フォン・ヘレンに重い月経障害を「毎月」起こさせる飲み物を与えた。それによって、アンネは妻の務めを果たす能力が低下し、妊娠も危ぶまれる状態に陥った。

「夫婦の下肢」に魔法をかけたり、人々に性交を強要する性愛魔女は、男性性器を鳥の巣に集めて、要求に応じて配布するという滑稽な行為もする。しかし、また、結婚の約束が破棄され、社会的地位や経済的保証を失った女性が生存権を脅かされた場合、性愛魔女は不実な男に対して威嚇的な力も行使した。

2　悪魔の淫婦

魔女は身近にいる人間に害を与えるため魔術を行使したが、魔女説によると、魔女自身の力ではなく悪魔に助けられて行った、とされている。悪魔がいなければ魔女も存在せず、両者は対とみなされていた。彼らの関係については、様々なとらえ方があった。最も流布した見方は、悪魔と淫らな行為をし、しもべとして悪魔の命令に従い、悪魔に手助けされて害悪を引き起こす淫婦としての魔女であった。この見方によると、悪魔は人間の姿を取って情夫（恋人）として女に近づき、神を否定して自分と組むように、そして、自分に仕えるよう女を説き伏せた。その見返りに悪魔は女に魔術を教えたり、人間や動物を殺すことのできる薬草や毒を与えたりした。また、悪魔は女に悪い考えを吹き込み、嫉妬や憎悪を起こさせ、他の人間に害を与えようという気持にさせた。

一方、魔女論を書いた著者のなかには、魔女に害悪魔術をかける力があることを認めない者もいて、彼らは「愚かな老婆」が、悪魔の「仕業」を自分のしたことと思い込んだのだと主張した。また、悪魔は霊的存在なのだから、魔女が悪魔と淫らな行為をし、「肉体的に交わる」ことなどありえない、と異論を唱えた者もいた。すべての者にとって明白だったのは、魔女が悪魔と契約を結んだということだった。この点にこそ、神に対する最大の冒瀆としての魔女罪があり、それは死罪に処されねばならなかった。

このような神学論争とは別に、害悪魔術を行使したり悪魔と情交したりすることは、ステレオタイプとなった魔女術の重要な要素であり、裁判官が女性被告人を尋問した際、最も証明したかった事項である。最初に大規模な魔女裁判が行われたのは、一六世紀であった。そのとき、悪魔との性交を問うことは、すでに、裁判におけるお決まりの質問項目になっていた。一五六五年、ハーナウの女性被告人マルガ・ブレーゲル、エルス・ゴット、アンナ・ゴット、アンナ・リッシュ、アンナ・ゲルラッハは、まず始めに、どのようにして悪霊に出会ったかを尋問された。それから、彼女たちは、「最初はどのように悪魔と関係を持ったか、どのような場所で年に何回程それを行ったか」について報告しなければならなかった。「関係を持つ」とは、当時の表現で、「性交する」という意味であった。

悪魔との情交は、魔女被告人の自白や魔女を扱った絵や書物では、悪魔が男、魔女が女とされている。今日の私たちには、このような姿はばかげたものに思われる。絵画や書物が思考を象徴的に表現するものだとすれば、この男女の姿が意味するところは明白である。様々な霊たちや神々やキリスト教の神といった、より高い存在と人間との霊的精神的関係は、男女関係や主従関係などの人間関係をモデルに描かれた。これは宗教体験を伝える際によく用いられた手法である。

実際、キリスト教の女性神秘主義者たちは、自分とキリストの関係を花嫁と花婿という性的結合の姿で描写した。また、錬金術は呪術が学問という形をとったもので、一六、一七世紀において自然を認識し、自然に内在する力を探ったが、ここにおいても、通常、人間と霊の結合は、性交という「化学的結婚」の形で表現された。魔女と悪魔は対であるという考え方を示したのは、呪術と宗教であった。人間と霊的存在との関係、または人間と神との関係は、伝統的に性交という形で表現され、ここでは、魔女は悪魔の花嫁であった。悪霊との結合は、淫らな行為、売春、ソドミー〔訳注　獣姦および男色を指すが、ここでは獣姦〕としてしか解釈されなかったので、魔女は悪魔の淫婦とされた。

尋問を行った裁判関係者の視点からすれば、女性被告人たちは自分では理解できない領域のことを体験した人間であった。それゆえ、彼女たちには尋問によって、悪魔の外観、衣服、名前、態度をより正確に認識させる必要があった。魔女像の基本パターンがあらかじめ存在し、女性たちの供述に適合するタイプの魔女像が提供された。被告人たちは悪魔の求愛を描写するとき、説教や話を通じて知っていたことを引き合いに出した。たとえば、牧師の神学的悪魔観が肉体のない存在だった場合、尋問を受けた女性たちは、悪魔を恋人としてやって来た「幽霊」だと述べた。彼女たちは悪魔との関係を夫との体験に置きかえて供述した。

魔女と悪魔の組み合わせには、次の三つの基本的タイプが存在する。魔女と悪霊（または霊）、異端女（または魔女）と邪神（または悪魔）、女と男。これら三つのタイプが書物や絵画では入り混じった形で描かれている。それらは魔女像の様々な姿や伝統的側面を表している。

女魔術師と霊

女魔術師と霊の関係をあらわすイメージは、より古い時代の民衆の魔女像にさかのぼる。魔術とは、呪文や儀式によって人間を超えた存在、つまり、霊や悪霊と接触したり、それらの力を自分のものにして、普通の人間にはできないことを起こさせたりする能力であった。霊力を身につけるとは、霊と結合すること、つまり、人間のレベルでいうと性交を意味した。豊穣儀式では、類感魔術として具体的に性交が行われ、農作物の成育や家畜の繁殖を願って、より高い存在の助けを求める祈禱が行われた。このような儀式が一六世紀においてもまだ行われていたことは、次の例からわかる。一五六一年、ブロムベルクで羊飼いの寡婦ドロテーアは、ある家畜番の男に魔術の罪で告発された。家畜番の主張によると、彼女は牧場で「馬の繁殖のために自分と肉体的快楽にふけるよう」、彼を誘惑したそうだ。

教会は、呪文による霊の呼び出しを、神の秩序を乱すものと考えた。それゆえ、魔女によって呼び出された霊は「悪霊」、つまり、悪魔でしかありえなかった。一六世紀の魔女裁判で、被告人たちは、このような招霊儀式を行ったとしばしば供述しているが、儀式の結果、彼女たちの命令に従って現れた霊は、動物の姿をしていたという。

一五五一年、リッペ伯領ザルツフレン出身のグレーテ・ドレージングと毛織職人パウルの妻グレーテは、「クレシェン、クロシェン、クリシェン」と霊の名前を三度言って霊を呼び出し、霊に教えてもらって、二人で毒をつくったと告白した。そのとき、「犬でもなく、鹿でもなく、猫よりも小さい」黒い動物が現れた、とグレーテ・ドレージングは供述した。彼女はその動物を家で飼い、それに仕事をさせていたという。また、別の動物霊を挙げたのは、カーレンベルク＝ゲッティンゲン大公領トゥンデルンに住むヴァルターベルクの妻だ。一五八三年、彼女は二匹のヒキガエルから魔法の薬をもらったと述べた。ヒキガエルはグラムメルトとグリムメルトという名前で、彼女の庭の古い柳の木の下に住み、彼女からバターをつけたパンとミルクをもらっていた。司法官（アムトマン）〔訳注　司法行政に携わる在地の筆頭役人で、魔女裁判では被告人の聴取、尋問などに直接関わっていた〕が彼女の供述を部下に確認させると、六〇匹のヒキガエルがその場所で見つかったので、人々はとても驚いた。

魔女と悪魔の関係は、通常、魔女がしもべで悪魔が主人だ。しかし、ここではその逆で、魔女は動物の姿をした霊たちの女主人である。魔女が命令を下し、動物たちが魔女に従う。悪魔も動物の姿をしているときは召使である。一六三一年ホルン市で、女の牛飼いアレケ・ハイゼの情夫は黒い牧羊犬で悪魔だ、という噂が流れた。この犬はどこでも彼女のあとについて行き、彼女の言うことしかきかない。この犬がバターを口にくわえて彼女の家に入ったのを見た隣人は、犬が悪魔であり、彼女の命令に従ってバターを盗んだのだと考えた。

魔女と一緒に暮らす助手霊としての動物は、アングロ＝サクソンの魔女信仰では中心的な役割を担う。ドイツ語圏では、それらは主として、メルヒェンの魔女の姿と結びついている。魔女は猫、カラス、梟を連れている。魔女が舞踏や魔女集会（サバト）に出かけるとき乗って行くのは、情夫に変装した悪魔と助手霊が一体となった動物であった。その動物は、地方によって犬であったり、豚であったり、馬であったり、山羊であったりした。ブロムベルクの女羊飼いドロテーアは、隣人の証言によると、黒い犬に乗って飛んで行ったそうだ。ザルツフレンの二人の女は、灰色の豚に乗って魔女集会に行ったと告白した。カタリーナ・シュタウディンガーの乗った動物は雄山羊で、彼女はその動物と淫らな行為をしたと供述した。

本書の目次裏X頁には、三人の農婦が雌豚に乗っている絵が描かれているが、これは舞踏へ出かける魔女を表している。同様に他の挿絵でも、女たちは、外見上は「普通」の農婦と区別がつかない。これによって、女性は誰でも魔女になりうるということが強調されている。三という数字は、魔女集団もしくは魔女宗派に属す魔女を暗に示している。魔女は単独行動はとらなかった。魔女が一人いれば、必ず仲間がいた。この絵はお決まりの魔女像の要素と、以前からある侮辱絵とを合体したものである。侮辱絵とは中世や近世初期に、裁判で罰せられなかった人間を辱しめたり、恥ずべき行為を暴露したりするのに用いられた絵であり、誹謗の手段として使われた。したがって、目次裏X頁の絵の女たちは、相応の罰を受けるべき犯罪人として描かれたわけだ。雌豚は侮辱絵によく描かれた動物である。また、ユダヤ人がその乳首を吸った雌豚、つまりユダヤ雌豚は、ユダヤ人を辱しめる侮辱絵で、一三世紀に成立した。一般に雌豚に乗った姿は、最も屈辱的な描写の一つであった。それゆえ、ルターは一六世紀にカトリックの敵対者たちから、雌豚に乗った姿で描かれたのである。今日の私たちには無邪気な絵のように見えるが、雌豚に乗る三人の女たちの絵は、恥ずべき犯罪人としての魔女の姿を提示しているのである。

悪魔または悪霊の化身と見なされたすべての動物と同じように、魔女に従う雌豚や雌山羊や雄山羊は、キリスト教のシンボルでは節度や貞操心に欠けることを意味した。それとは逆に、キリスト教以前の文化では、雌豚や雄山羊は多産のシンボルであった。それらは古代にはヨーロッパの大地母神に属し、その後男性の豊穣の神々に属したが、大地とその住民の豊穣を決定する力を体現していた。それゆえ、雌山羊や雄山羊、雌豚や雄猪は、男女の神々が乗る動物であった。一方、猫、蛇、フクロウ、ヒキガエルなどは、女性の神々に属していた。ヒキガエルは近世初期まで子宮の象徴であり、巡礼用礼拝堂で病気治癒を祈願する護符として使われた。

魔女と悪魔

神学上の魔女説では、魔女と悪魔の関係を描写するのに、異端宗派の概念を使った。異端宗派の儀式は、キリスト教儀式の逆とみなされた。それによると、悪魔は、魔女宗派の信奉者にとって神を意味した。キリスト教社会への受け入れ儀式である洗礼では、「異教徒」が以前の宗教を捨てて、キリスト教の神に忠誠と服従を誓った。それと同じように、魔女宗派の信奉者は悪魔に忠誠と服従を誓った。すなわち、キリスト教の洗礼の誓いを取り消し、キリスト教信仰を否定し、悪魔に仕え忠誠を誓う、という約束をしたのである。その見返りに、悪魔は、保護や助力や物質的支援を約束し、金持ちになる術を教えた。この盟約の締結には性行為が伴った。この行為はキリスト教では、キリストと信者の神秘的結合に相応する。魔女集会を構成する宴や舞踏も、キリスト教の礼拝をまねたものであった。中世初期の教会では、ミサ儀式の中に晩餐とともに舞踏が組み込まれていた。魔女宗派への入信儀式は、キリスト教儀式を逆にしたものであり、それを皮肉ったものであった。信者は悪魔の尻にキスをしなければならなかったし、食事は乱痴気騒ぎであった。これらの会合で魔女たちは、今後の悪事の予定を決めると人々は信じた。

魔女として告訴された女性たちの自白は、内容は異なっていても、原則としてこのような「異端像」［訳注　異端とはここでは、魔女宗派に属す人々のことを意味している］に添ったものであった。女性被告人たちは次のように供述した。彼女たちが最初に「魔女宗派」と接触したのは、すでにそこに所属する女性、すなわち、魔女を通じてであったという。新参者は魔女に魔術を教えてもらったり、舞踏に連れて行ってもらったりするうちに、情夫に引き会わされたそうだ。また、悪魔は自ら姿を現し、自分に仕えるよう説得したという。

悪魔のしもべになるという約束は、キリスト教信仰を否定することであった。カトリック教徒の女性の場合、表現は宗派によって、「神とすべての聖者を棄てた」とか、「主なる神、聖母、す

図５　火刑に処される二人の魔女

べての使徒や聖者たちを否定した」などであった。プロテスタント地域の被告人は、「聖なる三位一体を捨て、洗礼の誓いを破棄した」とか、「神と主イエス・キリストを否定した」とか、「神と神の言葉を否定した」などと告白した。キリスト教信仰からの離脱やその放棄を表明するのに、具体的な行為を用いることもあった。つまり、心の中の変化を、身体の動きで表したのであった。被告人の女性たちの報告によると、彼女たちは三歩下がって、「私は悪魔の名のもとに、神を否定する」という文句を唱えたそうだ。人間には思考を目に見える形で表現する傾向があるということを、この行為は具体的に示している。つまり、人間の内面が、外面的な行為と密接に結びついて表現されたのである。神の敵対者である悪魔は、単に悪という抽象的観念を意味するだけではなく、人々の想像のなかでは肉体を伴ったものとして、様々な姿を取って現れたのである。

魔女と悪魔の関係を説明するために、神学者たちは「女性の本性」を引き合いにだし、女性には霊や悪霊や悪魔を好む特有の傾向があると主張した。それによって、一般に、女性が道徳心に欠け、誘惑に負けやすい性質だと見なされるようになった。何といっても、最初に悪魔の誘惑に負けたのはエヴァなのだから、女性は悪の誘惑に弱いとされた。こういう主張がいつなされ、どのように広まっていったかを示しているのが、このビラ［図5］である。これはハルツ地方ラインシュタイン伯領デルネブルクにおける魔女裁判のビラで、一五五五年のものである。

この絵では二人の女性が、鎖で杭につながれて火の中に立っている。火は死刑執行人とその助手によって長い棒でかき起こされている。竜の姿をして空中から降りてきた悪魔によって、もう一人の女性が火から引き離されようとしている。絵には悪魔について次のような説明文が添えられている。

「悪魔は弱い存在である女性を厳しく攻め立て、キリストから引き離し、永劫の罰に導こうとする。そして悪魔は、エヴァに神のようになれると語ったときと同じように、女の心に毒を吹き込む［訳注　旧約聖書創世記第三章、エデンの園で蛇から神のように賢くなれると唆《そそのか》されたエヴァは、禁断の木の実を自ら食べてしまうだけでなく、アダムにも食させ、二人は楽園から追放される］。女が賢《さか》しくなって、他の人々より多くの知識を得て神と等しくなれるように、女に魔術を教える。こうして悪魔は、女を信服させて悪魔のしもべにし、さらに、悪魔の花嫁にするのだ。」

このビラでは女性が、低い社会的地位を脱するために、神々と等しくなって人々の上に立とうとすると、魔女になる可能性があると明言されている。

このビラに記されているのは、一五五五年一〇月にデルネブルクで二人の「魔女」、グレーデ夫人とゲスラー夫人が処刑されたときの様子である。火がつけられると、グレーデの情夫である悪魔がやって来て、「誰の目にも見えるように」彼女を空中に連れ去った。したがって、この絵〔図5〕に描かれた、竜によって火から引き離されようとしている三人目の女性は、三番目の魔女ではなく、火の中に立っているグレーデの別の姿である。頭髪をあらわにした彼女は、ここでは悪魔の淫婦という「真実の姿」で示されている。

火刑の二日後である一〇月三日に、処刑されたはずの二人の女性が再び現れた。二人はゲスラーの家に入って行き、ゲスラーの夫を扉から外へ突き飛ばして殺した。殺されたゲスラーの夫が戸口の前に横たわっているのを見て、隣人が家の中へ運び込もうとすると、中で二人の「火のような女」が火の周りで踊っていた。一方、グレーデの夫は一〇月一二日、近親姦の罪で剣による処刑を受けた。グレーデが、夫は自分の姉妹と姦通した、と夫に不利な自白をしていたからだ。当時の考えでは、夫婦は性行為によって「一つの体」になるとされたので、結婚相手の血族も自分の血族とみなされた。

もう一人の魔女、ゼルク夫人は一〇月一四日に火刑に処された。これらの事件に関して、ビラは次のようなコメントで締めくくっている。「悪魔が一つの場所に巣をつくって支配し始めると、いかに凄まじく周りを毒で刺すかということが、これによって明らかである。僅か数日の間に、いかに多くの人が命を落としたことか。」この「記述」でも、心の中で想像する内面の姿と実際に見える外面の姿が、区別されていなかったということがわかる。悪魔が空中を飛ぶ姿も、処刑された女性がかまどの周りで踊る姿も、想像ではなく実際に「見えた」のである。

しかしながら、悪魔は、魔女だけを相手に活動していたわけではなかった。あらゆる大災害や不幸の背後に、悪魔の働きが推察された。一六、一七世紀には本格的な悪魔ブームが起こり、悪魔の本は一つの文学ジャンルとして人気を博した。その結果、『高利貸し悪魔』、『ズボン悪魔』、『狩猟悪魔』、『酔っ払い悪魔』、『夫婦悪魔』などの本が現れた。ルター派の教会歌の中に、「たとえこの世が悪魔で満ちていようと、われらの神は堅固な城」というのがある。近世初期の社会は悪魔で満ちあふれていた。彼らは生活のあらゆる領域に誘惑者として現れた。キリスト教徒は悪魔と闘わねばならなかった。もし、キリスト教徒が弱くて闘わないでいると、それは罪になったが、魔女のように死罪になることはなかった。

女と情夫

悪魔は誘惑者として「女の心に毒を吹き込む」とき、若い男性の姿で現れ、女性に求婚した。ウルリッヒ・モリトアが著した宗教書の木版画には、意味ありげに愛人と抱擁する情夫が描かれている［図6］。これは多くの恋人たちの絵によく見られる光景である。しかし、ここでは雄山羊の足と尻尾が見えるので、情夫が悪魔だとわかる。

女性に求愛するとき、悪魔は女性の生活の中で最も身近な男の姿になって現れた。女性被告人が悪魔の情夫について供述したとき、情夫は女を舞踏に誘い恋人として近づいた、と自分自身の経験を語った。たとえば、ヴィンターベルクのカタリーナ・ヘルデは、一五二三年に次のように供述した。彼女は他の女性被告人と共に舞踏へ行く途中、森で情夫たちに出会い、そこで皆で快楽にふけった。舞踏の後、情夫たちはそれぞれ花嫁を家に送り届けた。彼らは青と緑の上着を着た好ましい若者たちであった。カタリーナ・ヘルデがこのように供述すると、ヴィンターベルクの他の女たちも、市壁の外側にある自分の菜園で若者たちと逢引し情交した、と述べた。

菜園は女性が管轄する労働領域であり、野菜作りは女性の仕事であった。町の近くの菜園では、女性たちは邪魔されることもなかったし、隣人に監視されることもなかった。したがって菜園は、実際、カップルがよく逢引した場所であったようだ。

悪魔の情夫には、フェーダーヴィッシュやフェーダーブッシュ［訳注　共に羽根の束という意味］

図6　性愛魔術

という名前が最もよく用いられた。絵に描かれた服装から見ると、悪魔は派手な羽根付き帽子をかぶった裕福な市民や貴族、または作男として現れた。一五二三年、ヴィンターベルクのゲルトルート・ハスケンは、悪魔の情夫を「一角獣ちゃん」と呼んで、神話の一角獣に結びつけた。多くの女性は情夫を、たとえば、「慰め人」とか、病気を治す「床上げ人」というふうに、役割にちなんだ名前で呼んだ。

悪魔との契約は、婚約式や結婚約束の儀式として描かれることが多かった。近世初期においては結婚約束が、婚姻を成立させる男女間の法行為であった。カップルは互いに忠誠を誓い、贈り物と指輪を交換した。その後で同衾した。魔女被告人の女性たちは、悪魔と指輪を交換し、金品をもらったお礼に、悪魔に半ズボンの裾口をしぼる色鮮やかな紐または亜麻製品（結婚仕度）を贈った。その後、情夫は「自分の意志を実行した」。それは、通常、性行為を意味する表現であった。

被告人が情夫と最初に出会ったのは、困難な状況にあって情夫から救われたり慰められたりしたときだった。悪魔は姿を現すと、力を貸すことを約束した。カタリーナ・シュタウディンガーが最初に悪魔に出会ったのは、夫が死んで、幼い子供たちを一人で養っていかねばならないときだった。悪魔はシュタウディンガーのところにやって来て、彼女を慰め、彼女の面倒を見ると約束し、夫の代わりをした。シュタウディンガーが苦境にあったことを考えれば、彼女の行動は理解できる。一六〇七年、ヒルデスハイムで告訴されたモラー夫人も、悪魔との最初の出会いについて同様の供述をした。一一年前、最初の夫が死んだので絶望した彼女は、どのように暮らしていったらよいか分からなかった。そのとき、悪魔が彼女のところにやって来た。彼女は糸紡ぎで生計を立てていたが、それは辛い仕事であった。腕の痛みがひどく、部屋でうずくまっていると、一人の男がやって来て、自分に身を捧げるなら助けてやるし、そのうえ金持ちにしてやる、と約束したという。ザルツフレンのグレーテ・ドレージングも一五五一年、尋問で同じような供述をした。悪魔が彼女のところにやって来たのは、彼女が貧しい暮らしをしていたからであり、「身を捧げる」なら金持ちにしてやると悪魔は約束した、と彼女は供述した。

被告人の女性たちは通常、信仰心の厚いキリスト教徒だったので、自分が悪魔の淫婦であると表明するのは、この上なく辛いことだった。彼女たちは尋問でまず始めに、害悪魔術の行使を自白したが、悪魔との接触を自白するまでには、拷問を伴う長時間の尋問を必要とすることが多かった。彼女たちは、質問によってあらかじめ提示された魔女のステレオタイプに、自分自身の体験を当てはめていった。自分が体験したり願望したり空想したりしたことを、悪魔の行為であると説明することによって、彼女たちは良心の呵責から解放された。それゆえ、カタリーナ・シュタウディンガーは、悪魔が夫の姿で現れたと主張したのであり、悪魔が彼女と同衾できたのは、悪魔が夫の姿をして彼女を騙したからだと説明したのだ。思いがけず戻ってきた夫と寝ても、妻は罪を犯したことにはならなかった。同じようなことを、ブロンベルク出身の羊飼いの寡婦であるドロテーアも供述した。彼女の夫、のっぽのヘンケは女殺しの罪で死刑に処されていた。彼女は夜、夫が彼女のもとに現れて彼女と寝たのだと思った。殺人者として死んだ夫は、彼女には悪魔、つまり成仏できない幽霊でしかありえなかった。彼女がこの体験を牧師に懺悔すると、そのような災難から身を守るには祈禱しなくてはいけない、と牧師に諭された。彼女が告訴されたのは、呪術行為が原因であった。つまり、彼女は治療や堕胎に効く飲物を醸造したり、性愛魔術の儀式やその他の魔術も行ったりしていたのである。悪魔とどのようにして知り合ったのかという司法官の質問に対して、彼女は亡き夫の霊が会いに来たのだ、と言い張った。

情夫である悪魔と淫らな行為をしたと誹謗されると、被告人の女性たちは前述のような反応を示して、自分の心理的負担を軽くした。彼女たちにとって、体験したことや願望したことを、悪魔の行為だったと解釈するほうが、まだ受け入れやすかったのだ。同様に、隣人と喧嘩した後に起こる復讐の気持も、悪魔のささやきと感じられたし、その後の悪事も、悪魔の入れ知恵であると解釈された。このような考え方が根底にあったので、被告人は自分と了解のうえで、悪魔が悪事を行ったと述べた。

牢獄に長く監禁され、暗闇の中で寒さや汚物や害虫に悩まされたうえ、拷問道具を用いて尋問されると、女性たちは自分に期待された魔女の役割を演じ始めた。彼女たちは悪魔のことを、監禁から開放してくれる騎士だと想像した。このことは、ザルツフレンのグレーテ・ドレージングの供述からもうかがえる。彼女は、牢獄にいる自分のもとに情夫がやって来て解放してやると言った、と述べた。悪魔は彼女に一本の杖を渡すと、それで扉に触れると扉が開き、もう二度と困ることはないだろう、と語ったそうだ。

　魔女迫害が激しくなるにつれて、悪魔に関する想像も様々な形をとり、魔女裁判の領域でも、憑依《ひょうい》現象が広まった。とりわけ若い娘が悪魔にとり憑かれたといって、世間の注目を集めた。一七世紀末になると、もはや悪魔と接触を持ったというような発言をしても、必ずしも魔女裁判にかけられるというわけではなかった。一七〇〇年、ヒルデスハイムにおいて窃盗罪で逮捕されたマルガレーテ・ヴィンケルマンが、尋問で悪魔に身を捧げたことを自白し、その性行為をきわめて詳細に供述すると、裁判所は医師を呼ぶよう指示した。結局、彼女は神への冒瀆、窃盗、中傷、虚偽の罪で鞭打ちの刑に処され、町から追放された。

3　賢女

害悪魔術が治癒魔術や豊穣魔術を逆転させたものであるのと同様に、魔女は賢女や善良な妖精を逆転させたものである。魔女も賢女も秘密の知識を持ち、魔術を自由に使うことができた。魔女は動物や植物の持つ神秘的な力や祈禱やお守りの力によって、自分には利益を、他人には損害を与えようとしたが、賢女はその力を使って人々を助けようとした。魔女は人間から食料（牛乳、バター、穀物）や生命力（健康）を盗んだが、賢女はこれらのものを人間に与えた。魔女は病気や死をもたらしたが、賢女は病を癒した。また、賢女は魔女の魔力から身を護る方法も知っていた。

魔術は使用する意図や目的に応じて、有益にもなるし有害にもなる。したがって、賢女と魔女は、同じ力の有益な面と有害な面を体現している。いばら姫のメルヒェンでは、揺り籠の中の子供にかけられた悪い女の呪いを、賢女は弱めることはできても、取り消すことはできなかった。この出来事は、悪の力のほうが善の力より強い、ということを示している。このことは、魔女信仰では当然のこととされていた。この原則に従うと、魔女術による病気や害悪魔術を取り消すことができたのは、魔女だけだということになる。また、魔女に盗まれたものは、魔女から返してもらうしかなかった。盗まれた男根を返してもらうのに、魔女を脅迫したり、魔女に懇願したりするという話があるのは、こう考えると理解できる。魔女が呪いをかけた天気は、魔女自身が変えなければならなかった。人々は魔女を脅迫したり、キリスト教の呪文を唱えたり、対抗魔術を用いたりして、魔女に病気を「取り去る」よう迫ることもできた。共同体では魔女に対する呪文や対抗魔術の儀式は、日常生活の中で行われていた。

魔女は想像上の存在であっただけではなく、共同体においては魔女術の罪で訴えられた現実の女性でもあった。同様に、善良な妖精である賢女も、日常生活の中に溶け込んでいた。魔女が共同体に所属しないよそ者であるのに対し、賢女は呪術に長けた助言者として、共同体に所属する仲間であった。賢女は呪術の才能によって、より高い力と接触することができた。そのうえ、自然の妙薬について特別な知識を持っていたし、呪文や儀式も心得ていた。賢女は助言者として活動し、呪術に精通した男性と同じように、より広い領域で呪術を行い、日常生活における危険な状況に対処する方法を知っていた。

賢女は治癒師、予言者、祝福者として働き、豊穣魔術や性愛魔術を行い、災いを防いだり、害虫を追い払ったりすることもできた。彼女の能力は三つの領域に分けることができる。第一は防御魔術の能力である。有機物質の効用を知っている賢女は、動植物や人間の体の部分（爪、髪、骨、血）を使って治療や護身に利用した。第二は、言葉や思考やしるしや身振りの持つ力を使いこなす能力で、賢女はこの力を用いて相談に乗ったり、祝福したり、呪文で呼び出したり、厄祓いをしたりした。第三は透視能力である。賢女は普通の人間には見えない未来や過去の出来事を見ることが出来た。

実際の仕事では、これら三つの能力が様々に組み合わされ、応用された。女治癒師としての賢女は、相談にのるだけで治す場合もあったし、また、薬草や祝福の言葉を使って治す場合もあった。さらに、お守りや祈禱を用いて仕事をすることもあった。女予言者としての賢女のもとには、魔術をかけられて病気になったと信じている人がやって来た。このような場合、賢女は害悪魔術をこっそり使った魔女が誰であるか、その正体を暴き、害悪を取り除く方法を心得ていた。女助言者としての賢女には、特定の病気だけを治せる者もいたし、自分の「透視能力」を特定の領域、たとえば、泥棒の発見に限定した者もいた。このように、仕事の内容によって女性は、女予知者（女予言者）とか女使者とか、女相談員（女治療師）とか賢女とか呼ばれたのである。北ドイツでは魔術を意味する「術（クンスト）」の名称を用いて、術の女（クンストフラウ）とも呼ばれた。これらの女性たちは、原則として魔女に敵対する者であり、自らもそのように考えていた。しかし、呪術を操る彼女たちは、「癒す者は害することもできる」という原則によって、ときには魔女嫌疑を受けることもあった。

女治癒師

モラー夫人は治癒や呪術に精通しており、ヒルデスハイムの市民たちは彼女に助言や助けを求めた。それにもかかわらず、彼女は一六〇七年に魔術の罪で死刑に処された。彼女は治癒師として長い間仕事をし、逮捕されたときにはかなり高齢であり、再婚していた。彼女が告訴されたのは、ある男の死がきっかけであった。彼女はこの男から「有益なホレ」〔訳注　元々ホレとは、死霊を率いて現れ、人間を罰したり守ったりするゲルマン伝説の中の女神のこと〕を追い払おうとしていたのであった。病気を治したり、火を消したりする呪力を生まれつき持っていたモラー夫人は、自分を「幸運児」だと信じていた。そのうえ彼女は、口承で伝えられた調理法や、薬草書に基づいた治療法にも詳しかった。要するに、彼女の治療方法は、呪術儀式と薬草（サルビア、ゴボウ、ショウブ、サフラン、西洋ワサビなど）の組み合わせであった。彼女は植物から軟膏を作り、焚きこめた香をその軟膏と共に使用した。彼女の考えによると、病気の原因は、体からでる悪い力にあり、それを追い払うには薬や香を用いたり、呪文やキリスト教の祝福を唱えたりしなければならなかった。彼女はこの病原体のことを「有益なホレ」と呼び、ニワトコの茂みの下に住み、人間の体内に入っていく霊のことだと言った。

昔からニワトコの茂みは、呪術や医療と結びついていた。ニワトコの果実と樹皮は、古代から便通を促し、利尿作用のある薬として、産婦人科の病気に使用されていた。ニワトコの木は死と冥界に通じており、悪魔の木とも考えられ、その枝や果汁は、悪魔や魔術師や魔女の力を防ぐ魔除けとして用いられた。ゲルマンの習慣では、死者はニワトコの茂みの下に埋葬された。それがキリスト教になると、ニワトコの木で作られた十字架に変わっていった。したがって、ニワトコの茂みを伐採すると、災いが起こると考えられた。この木の下に病気が宿るという見方は、樹木には人間から病気を取り去る力があるという信仰と関係があった。ニワトコはこの点において、とりわけ強い力を持っていた。

モラー夫人は尿検査によって、「ホレ」が体内にいるかどうか確かめることができた。尿は熱すると、「乳漿《にゅうしょう》［訳注　チーズをつくる時にでる水分］」のようになった。治療が終わると、ホレは黒い塊となって排泄器官または皮膚の潰瘍から出て行った。病気の原因に対するモラー夫人の見方や、彼女が施した治療法は、一七世紀初頭の呪術に基づいた象徴的思考法から来たものであった。彼女が行った尿検査による診断法や薬草の処方は、大学で学んだ当時の医者の処置と同じものであった。この他に、彼女は病気を診断したり追い払ったりするのに、呪術や招霊儀式も使った。たとえば、彼女は泉の水をバケツに満たし、それに光を当てて、「ホレ」に姿を現わすよう命じた。それから十字を切り、聖なる三位一体を唱え、キリスト教の防御魔術を使って、「ホレ」を病人から取り出し、しかるべき「悪い」場所へと追い払った。「病原体」が彼女自身に乗り移らないように、モラー夫人は香を焚いて身を守った。しかし、呼び出したホレを追放するとき、そのホレが乗り移って、彼女自身が病気になることもあった。そのような場合、彼女は通常、報酬の他に病気の休業補償として、ソーセージやバターを顧客に要求した。

モラー夫人は数回にわたる尋問の後、悪魔と知り合いであり、その命令に従って数名の人間を毒殺したと自白した。彼女は「ホレ」のことを、悪魔との性交によって女性の体内に生じる悪魔の産物であると言った。「ホレ」は四週間ごとに女性の体から出て、他の人間の体内に入るとされていた。また、昔から経血は有害で不浄な力を持つと考えられてきた。「病原体」の解釈は、悪魔の木であるニワトコに住む霊であったものから、一歩踏み出して、悪魔の産物へと変わったのだ。いずれにせよ、古代のすべての悪霊は、キリスト教の悪魔に統一され、モラー夫人が治療で行った儀式は、カトリック教会の悪魔祓いに相当した。モラー夫人の場合、彼女が「ホレ」を体内に持っていると最初に供述したことで、彼女と悪魔との性交が証明されたのである。

治療に精通した女性たちが、魔女だと思われる理由はいくつかあった。呪術には善悪両面の使い方がある。それはある薬を投与する場合、その量によって治すことも殺すこともできる、という事実からも明らかだ。それゆえ、女治癒師の行為は悪魔の仕業と解釈されることもあった。モラー夫人は、悪魔の木であるニワトコと深く結びついている「ホレ」を呼び出すことによって、危険なことに悪魔の近くに身を置くことになった。そのことがわかっていたので、彼女は「有益なホレ」について語り、魔力に関わることの肯定的な意味を強調しようとした。しかし、あるとき、顧客の一人が招霊儀式ののち死亡した。そこで人々は彼女の行為に憤りを覚え、害悪魔術を行ったのではないかと推測した。参事会での噂や告発から、モラー夫人の裁判が始まった。彼女から高い報酬を要求されたのに治療効果がなかったので、騙されたと感じた客たちが、証人として出廷した。

モラー夫人の一件は典型的なケースといえる。つまり、女治癒師は仕事に失敗すると、魔女術を使ったという嫌疑をかけられた。一方、治療が成功した場合には、どのような力を用いたかは問われなかった。治療した人間や動物が死ぬと、顧客は悪魔の治療をしたのではないかと彼女を疑った。一五五〇年のブルーネの一件も同様であった。ブルーネは女治癒師としてホルン（リッペ伯領）で働き、人間や動物が病気にかかると、薬草や飲料や呪文を用いて治療した。牛に飲ませた治癒飲料が効かなかったので、顧客はブルーネを魔術の罪で司法官に告発した。また、別の顧客である体の麻痺した女性も、彼女に騙されたと証言した。この女性は、ブルーネが何度も金を受け取り、病気を治すと約束していたにもかかわらず、病気を治せなかったと訴えた。

治療に精通した女性が置かれていた状況は、矛盾していた。治癒する者は害することもできる、と人々は考えたからだ。魔女術の嫌疑から身を守るには、顧客をうまく誘導する心理的能力や、薬草使用に関する基礎知識が必要であった。薬草は投与量が多すぎると、病気の人間や動物を殺すこともあった。また、投与量が少なすぎると効き目がなく、病人が死ぬこともあった。

女治癒師の仕事が困難になったのは、教会からその活動が魔術であると断罪されたからだ。これは、呪術能力に長けた人々すべてにあてはまることだった。要するに、魔術による治療行為は罪だとされたのだ。実際、呪術能力のある人はすべて批判されたが、とりわけ女性は、二重の意味において攻撃された。女性の知識は「馬鹿げた迷信」として誹謗され、魔女術として犯罪視された。教会は女助言者のことを「もうろく婆」、「愚かな女」、「年老いた淫婦」、要するに、女詐欺師または魔女とみなした。一四八七年に出版された『魔女の鉄槌』の中で、インスティトーリスは「迷信を信じる女たち」の活動を批判した。彼女たちは魔女術にかかった者を助けるため、対抗魔術を用いて仕事をしたというのだ。インスティトーリスは、彼女たちが悪霊の力を借りて仕事をしていると誹謗した。ガイラー・フォン・カイザースベルクは一五〇八年、四旬節の説教の中で論争を繰り広げ、治癒魔術を行使する者を魔女と呼んだ。彼は信者に次のように警告した。「お前は魔術の力で健康になるよりは、むしろ病気のままで衰弱しているほうが良い。もし魔女の所へ行くならば、お前は主なる神に背くことになる。」

このような指摘や禁止、および呪術を使う者への誹謗は、カトリックやプロテスタントの聖職者によって、一八世紀に至るまで何度も行われた。それらは「魔術の悪徳」とか「神を畏れぬ悪業」などという題の説教でなされたが、あまり成果はあがらなかった。というのも、呪術は共同体の中では、生命に関わる危機や病気の際に、よく用いられた手段であったからだ。呪術は身を守るためや生活の糧を得るために、キリスト教の儀式と同じように用いられ、キリスト教の儀式の中に溶け込んでいた。

治療に呪術を使用するのは、元来、特別なことではなかった。大学で学んだ医者も、呪術的な治癒力があるとされている薬草を用いた。医学と呪術がいかに密接に関係していたかは、次に挙げるヒルデスハイムの一件が示している。一五七〇年、裕福な市民の妻であるウーデ夫人は、癲《てん》癇《かん》病患者の兄弟のために、怪しげな薬を作ったという噂を立てられた。彼女は墓掘り人から人間の頭蓋骨をもらい、男の赤子を産んだ姉から後産《あとざん》をもらった。彼女はその二つを燃やして粉薬を作り、兄弟に与えた。この事件に関する噂が市参事会の耳に入り、ウーデ夫人は魔術の罪で逮捕された。彼女の夫は妻を弁護するため、経験豊かな三人の医者の鑑定書を提出した。医者のうちブラウンシュヴァイク出身の二人は、人間の脳と後産を特別な方法で調合すると、癲癇《てんかん》病に効く薬となり、自然薬として用いられると証言した。

近世初期に大学で学んだ医者が仕事をしたのは、比較的大きい都市や宮廷に限定されていた。それゆえ、今日、一般に考えられているのとは異なって、治癒に長けた女性が医者の競争相手になることはなかった。また、彼女たちは魔女告発されると、治癒師としての身分を剝奪された。小さな町や田舎において住民の役に立ったのは、呪術に長けた治癒師や、職業上、解剖の知識および人や動物の体に関する知識を持つ者であった。すなわち、床屋兼歯科医、産婆、死刑執行人、皮剝ぎ人、牧童、羊飼いなどであった。彼らは皆、呪術を用いた治療を行った。さらに、兵役中に外科の仕事を修得した外科医もそうであった。

女予言者

治癒行為と並ぶ賢女の重要な仕事は予言であった。一例として、リッペ伯領のイルゼ・ゼルタースの件を紹介しよう。一六世紀半ばにレムゴの聖職者ハーメルマンは、リッペ伯領で女予言者が人々に受け入れられている様子を次のように描写している。

「……なぜなら町のどんな片隅にも、老いた淫婦が住んでいるからである。その中には過去や未来を透視する能力を利用して、人々を騙したり危険な目にあわせたりする女もいる。しかし、彼女たちは賢女とか経験豊かな女性とか呼ばれ、実際そう信じられている。」

「女予言者」として仕事をしていたイルゼ・ゼルタースは、一五九九年にデトモルトにおいて、魔術の罪で告訴された。逮捕されたとき彼女は、デトモルトの床屋クルト・ヴェルクマイスターと再婚していた。結婚相手の名前で呼ばれないことは、当時は珍しいことではなかった。女性はしばしば、実家の姓もしくは初婚相手の姓を持ち続けた。そのほうがよく知られていたからだ。イルゼ・ゼルタースはデトモルト近郊のハイリゲンキルヒェン村の出身であり、彼女の息子のうち一人はそこで寺男をしていた。もう一人の息子と娘については、後に彼女の調書の中で言及される。床屋の夫の収入は僅かなものであった。床屋は同業組合が組織されていなかったし、尊敬される職業ではなかった。夫婦は貧しかった。イルゼ・ゼルタースは貧しい女性たちがしていたように、予言を必要とする顧客がいるのに目をつけ、それで生活の糧を稼いでいた。彼女の顧客は報酬をパン、チーズ、亜麻、金などで支払った。彼女に透視能力があったかどうかは不明だが、少なくとも彼女は、人々とうまくつきあう器用さを持ちあわせていた。他の女予言者と違って、彼女は水晶玉や鏡などの特別な道具を使うこともなく、病気の治療もせず、魔女に対して対抗魔術をかけることもしなかった。彼女の仕事は「調査」と「指摘」と呼ばれていた。彼女は泥棒を「指摘」したり、紛失したり盗まれたりした物の「調査」や、行方不明の人の「調査」を専門にしていた。彼女の活動は自分の住んでいる地域に限定されていた。すなわち、その顧客は、ハイリゲンキルヒェンやデトモルトの住民か、せいぜいレムゴの市民までであった。彼女が告訴されたとき、指摘という仕事を説明するため、顧客が証人として尋問された。

デトモルトに住むある女性は、婚約者である織工クリストフ・ヴルナーが戦争から戻らないので、イルゼ・ゼルタースに助言を求めた。ヴルナーが死んだのか、それとも他の町で別の女性と結婚したのかを知るためだった。ゼルタースはその顧客に、婚約者は生きており、目下、エンクハウゼンに住み、元気にしていると断言した。この情報は正しかった。そこで、ゼルタースは報酬として八グロシェンを要求し、そのうえ、この件について誰にも話さないよう顧客に念を押した。

この件に関する報告は、ゼルタースの裁判で証人として尋問されたヴルナーの証言に基づいている。ヴルナーは戦争後、デトモルトへは帰らず、エンクハウゼンに滞在していた。彼はこのことを、少し長く他の場所にいた、と手短かに語った。彼が帰って来なかった事情については、調書には何も書かれていない。彼がすすんでデトモルトに戻ったのか、それとも婚約者の女性が戻るよう働きかけたのかは不明であるが、少なくともヴルナーはデトモルトに戻り、婚約者の女性と結婚した。

また、ハンス・ブルフマイヤーも、馬を盗まれたことで、イルゼ・ゼルタースに助言を求めた。彼はゼルタースの所へ娘を使いにやって、自分の馬を盗んだ犯人を探してくれるよう依頼した。この事件はイルゼ・ゼルタースが告訴される四年前に起きた。ゼルタースは予言の仕事を極秘で行わねばならないと思っていた。ブルフマイヤーの娘や他の顧客への返答から、ゼルタースはすでに自分が告訴されるかもしれないと思っていたことがわかる。ゼルタースは自分の予言の仕事がデトモルトだけでなく、その他の町や村でも目下非難されているので、この仕事を引き受けてよいものかどうかわからないと伝えた。しかしながら、彼女はハンス・ブルフマイヤーを自宅に呼びつけた。そして「馬はもうすぐ見つかる、泥棒は盗んだ馬に乗って森に行ったが、私が泥棒を不安な気持にさせるので、泥棒は馬をブルフマイヤーの家に戻すだろう」とゼルタースは予言した。

しかし、この予言は的中しなかった。それにもかかわらずゼルタースは「指摘」の報酬を要求した。そして、この仕事がうまくいかなかったのは、顧客の所有物を何も持っていなかったからだと主張した。そこで、ブルフマイヤーは娘にチーズを持って行かせた。すると、ゼルタースは以前の約束を取り消して、泥棒は馬を別の男に売ってしまったので、この一件は「彼女の手には負えない」と娘に言った。ゼルタースの力が及ぶのは泥棒までで、別の男にまでは及ばないというのであった。

カスパー・ポートハストの妻は、漂白したシーツが盗まれたので、ゼルタースのところにやって来た。ポートハストの妻は泥棒が誰なのかを知りたかったのだ。ゼルタースは、泥棒は「太ったゲルトルート」だと言った。そして、シーツを返してもらうには、ゲルトルートの所に使者を送ればよいと助言した。そこで、女中が太ったゲルトルートの家に送られた。女中はゲルトルートに会えなかった。けれども、隣人がゲルトルートに、アンナ・ポートハストがシーツを返すよう要求している、と伝えてくれた。その後ゲルトルートは、ポートハストの家に行き、シーツを返した。ゲルトルートは、シーツを町の堀端で見つけた、ポートハストの女中がきっとそこに置き忘れたのだろう、と主張した。

この事件は、女子言者の仕事がどのような役割を果たしているかを明確に示している。指摘した内容から、彼女は町の噂や事件について、極めて正確な情報を得ていたことがわかる。そのような詳しい情報を顧客から聞きだすには、鋭い直感と器用さが必要だった。女子言者が本当に泥棒を言い当てた場合は、盗まれた物も見つかり、深刻な事態も避けることができた。つまり、仕事に成功した場合は、予言者は共同体の中で問題を解決する調整者としての役割を果たしたので

郵便はがき

恐縮ですが
切手をお貼
りください

112-0005

東京都文京区
水道二丁目一番一号

勁草書房
愛読者カード係行

(弊社へのご意見・ご要望などお知らせください)

・本カードをお送りいただいた方に「総合図書目録」をお送りいたします。
・HP を開いております。ご利用ください。http://www.keisoshobo.co.jp
・裏面の「書籍注文書」を弊社刊行図書のご注文にご利用ください。ご指定の書店様至急お送り致します。書店様から入荷のご連絡を差し上げますので、連絡先(ご住所お電話番号)を明記してください。
・代金引換えの宅配便でお届けする方法もございます。代金は現品と引換えにお支いください。送料は全国一律100円(ただし書籍代金の合計額(税込)が1,000以上で無料)になります。別途手数料が一回のご注文につき一律200円かかりま(2013年7月改訂)。

愛読者カード

65281-5　C0098

書名　魔女にされた女性たち

名前《りがな》　（　　歳）

ご職業

住所　〒　　お電話（　　）　―

書を何でお知りになりましたか
店店頭（　　書店）／新聞広告（　　新聞）
録、書評、チラシ、HP、その他（　　）

書についてご意見・ご感想をお聞かせください。なお、一部を HP をはじ
広告媒体に掲載させていただくことがございます。ご了承ください。

◇書籍注文書◇

寄りご指定書店

市　町（区）

書店

（書名）	¥	（　）部
（書名）	¥	（　）部
（書名）	¥	（　）部
（書名）	¥	（　）部

記入いただいた個人情報につきましては、弊社からお客様へのご案内以外には使用いたしませ
。詳しくは弊社 HP のプライバシーポリシーをご覧ください。

ある。しかし、泥棒の噂が共同体の中で広まると、予言者の発言は、争いや敵意を引き起こすこともあった。

ヨハン・プロットの妻も、また、イルゼ・ゼルタースに助言を求めた。プロットの妻はシュトルテナウの妻に金を貸していた。それを回収するため、女中のルツィアを使いに出したが、女中は「時間が過ぎて」も帰って来なかった。ひょっとして、女中は襲われて金を奪われたのではないか、それとも、金を持ち逃げしたのではないか、とプロットの妻は不安になった。イルゼ・ゼルタースは彼女に、心配はいらない、女中は家に帰ってくる、未回収の金の半分を持って今日中に戻るだろうと言った。そして、この予言は的中した。

一方、ペーター・トルムパースの妻リザベットの場合は、うまく行かなかった。供述によると、リザベットの家から何度か物がなくなったそうだ。助言を求められたゼルタースは、「証文」をくれるなら、なくなった物を見つけてあげると約束した。「証文」とは、おそらく支払いを意味する言葉であろう。リザベットは女予言者であるゼルタースに二回お礼を渡したが、なくなった物は何一つ戻ってこなかった。

イルゼ・ゼルタースが逮捕されたのは、予言の仕事のせいではなかった。予言はその行為だけでは罪にはならなかった。彼女が逮捕されたのは、以前住んでいたハイリゲンキルヒェンの隣人たちが、魔術を使ったという疑いを彼女にかけて、それを噂したからであった。彼女に対する嫌疑は、彼女の仕事と直接結びついたものではなかったし、また、彼女に嫌疑をかけたのは、顧客でもなかった。予言の仕事が魔術と結びついていると主張したのは、リッペ伯爵の代理人である役職告訴人と原告側証人であるデトモルトの牧師であった。魔術の行使は非キリスト教的であり、民衆を扇動し不安にさせるという理由で、当局もこれを認めなかった。当局と教会は、すべての呪術を「魔術への第一歩」とみなした。イルゼ・ゼルタースは逮捕される前からすでに、神を畏れない生活態度や「僭越」な予言行為のために、懺悔の聴取や聖体拝領への参加を神父から拒否されていた。そのうえ、彼女は夫婦間の不和にも関わっている、と牧師は非難した。このことから、相手に姦通の疑いがあると思った夫婦が彼女を訪れ、事の真偽を予言で確かめようとしていたことがわかる。

被告人の権利として、ゼルタースには弁護人がつけられた。弁護人は、彼女は近所づきあいの範囲内で、「善意の慰め」の気持ちから人々を助けたのであり、そのことで苦しめられた者は誰もいなかったと反論した。さらに、弁護人は、リッペ伯領とパーダーボルン修道院で広く行われている予言行為を引き合いに出した。つまり、タタール人（明らかにジプシーのことを意味していた）や占星術師や予言者の存在を当局は許し、全階層の人間がこれらの人々のもとに、予言を聞きに行っているではないか、と言って反論した。実際、イルゼ・ゼルタースの夫、床屋のクルト・ヴェルクマイスターですら、予言の使い走りをしていた。旅行中に金や銀でできた装飾品を紛失した金持ちの女性は、どうしたら宝飾品を取り戻せるか予言で教えてくれるよう、パーダーボルン修道院の有名な予言者の所に、床屋を使いにやっていた。

予言の仕事が魔術と結びつくのは、女予言者には不可能なことを引き起こす超能力があると考えられたからである。つまり、予言の仕事は魔術の一種とみなされたのである。それゆえ、イルゼ・ゼルタースは、自分の仕事が成功したのは超能力にあるのではなく、的確な判断力と優れた観察力による、ということを証明しなくてはならなかった。だから、ブルフマイヤーの馬が盗まれたことについては、泥棒が馬を戻す気になるよう神様にお願いした、と彼女は釈明した。同様に、漂白したシーツを盗んだ犯人が、太ったゲルトルートだと言い当てたのは、自分が目撃していたからだと主張した。事件の夜、ハイリゲンキルヒェンへ行く途中、イルゼは町の堀端で、ゲルトルートが漂白中の布を持ち去るのを目撃し、そのことを人々に話した。その噂を聞いたアンナ・ポートハストは、ゼルタースの家に来て、泥棒の名前を教えてくれるように頼んだ。このほか、戦争に行ったまま戻らないクリストフ・ヴルナーのことを透視で言い当てた一件も、彼女は次のように説明した。今ではクリストフ・ヴルナーの妻になっている女性が、何年も前にゼルタースのところに相談にやって来た。そのときこの女性は、父親が自分をニコラウス・ローデンに嫁がせようとしているが、自分はすでにクリフトフ・ヴルナーと婚約している、しかし、いまだにヴルナーが戦争から戻らないので、どうしたらよいか分からないと嘆いた。そこで、ゼルタースはこの女性に、自らの心の声を聞くよう助言した。さらに、ヴルナーは若い職人なので、それほど急いで家に帰って来ることはないだろう、しかし、神の御心によってまもなく帰るだろうと予言した。しかし、ヴルナーが滞在している場所は指摘しなかった、とゼルタースは反論した。

最初の拷問を伴わない尋問で、ゼルタースは自分の助言は近所の人に対する善意の忠告であると主張した。その後の拷問を伴う尋問で、彼女は仕事の際、祝福の言葉もしくは祈禱を使用したと自白した。彼女は若いときにすでに、今は亡きヴァッカーの妻から祈禱を学んでいたと自白した。この祈禱は、依頼人を害悪から守ってくれるように、ゼルタースが神に祈ったもので、内容は次の通りであった。

キリスト・イエスよ、いざ、我らの方を向き給え
イエスよ、我と共にあれ
親愛なる父よ、汝は我に何を与え給うや
汝の聖なる言葉なりや
汝の五つの聖傷より、流れ出でし尊き血なりや
倒木、我を害せぬよう
鋼であれ鉄であれ、武器が、我を殺さぬよう
イエス・キリストが生まれしときより、とこしえに我を守り給え
三人の若人、地獄の前に飛びゆきしごとく
我の敵、見えるも見えざるも、なべて飛び去る
聖なる御言葉と五つの聖傷より、流れ出でし尊き血を

わがために持ち来たれ
父なる神、子なる神、聖霊なる神よ、とこしえに我を助け給え、アーメン

この祈禱は、キリスト教の祈りと呪術のとなえ文句が混ざり合った典型的な祈禱といえる。これは、キリストへの呼びかけと防御魔術を合体したものであり、敵に対して害悪魔術の意味を持っている。呪術は本来、害悪を与えることと防ぐことの二面性を持っていた。したがって、使い方次第で良くも悪くもなった。つまり、ゼルタースが前述の祈禱を正しく言うことができると、依頼人には健康と富が保証され、一方、彼女がこれを滑らかに言えずにつかえてしまうと、依頼人は不幸になるというわけであった。

害悪魔術の行使を理由にゼルタースが告訴されたのは、呪術が二面性を持っていたからである。つまり、彼女は自分の呪力を、魔女と同じように、自分に利益をもたらし、他人に損害を与えるために用いたというのだ。イルゼ・ゼルタースがハイリゲンキルヒェンに住んでいたとき、牧師が亡くなった。そこで牧師の息子が後任として教会を継いで、自分の娘と結婚してくれることを、ゼルタースは望んでいた。ハイリゲンキルヒェンの住民は、牧師の息子がゼルタースの娘と結婚する約束をしたと噂した。この噂が事実であったかどうかは、裁判記録からはわからない。ゼルタースの息子の一人が寺男として働いていたことから、ゼルタース家と牧師館は親密な関係にあった、と考えられないことはない。しかし、期待された結婚の約束は、実行されなかった。若い

牧師の役職任命儀式は、不運な状況が続き、何度も阻止された。つまり、教区監督が、牧師を任命するためにハイリゲンキルヒェンに行こうとすると、その度に彼は病気になり、遂に亡くなってしまった。ハイリゲンキルヒェンの住民は、婚約破棄の報復をするため、ゼルタースが教区監督を病気にさせ、牧師任命を阻止したと噂した。

この他にゼルタースを非難した者として、彼女がハイリゲンキルヒェンに住んでいたときの隣人、ハンス・ダムマイヤーがいた。彼はゼルタースに魔術をかけられて病気になったと主張した。この一件は彼女が告訴される一〇年前のことで、ダムマイヤーがツィーゼノップから、子どもの代父になってくれと頼まれたときのことだった。代父になることは高くつくだろう、とイルゼ・ゼルタースは言ったが、それは代父になった場合の金銭的負担を指していたようだ。しかし、ダムマイヤーは、これを脅しと感じた。彼は洗礼のとき本当に病気にかかり、代父役を引き受けられなかった。彼はこれをゼルタースの仕業だと疑った。なぜなら、イルゼ・ゼルタースが、彼の家を何度も訪れていたからである。ゼルタースはダムマイヤーに、娘がいつデトモルトから戻るのか、と二度も尋ねた。また、彼女は熊手を借りに来たとき、彼の健康を祝して、彼の頭を三度撫でた。後に彼が病気になったとき、彼女は体に良いものだと言って、食べ物を持ってきたが、それを食べると彼はとても気分が悪くなり、死ぬのではないかと思った。そこでダムマイヤーは、イルゼ・ゼルタースが魔術を使って彼に害を与えた、という噂を村中に広めた。一方、この噂には根拠がないということを証明するために、ゼルタースは一〇年前にダムマイヤーを名誉毀損で自由裁判所に告訴したが、彼女の訴えは却下された。

イルゼ・ゼルタースは釈放された。害悪魔術の行使に対する二件の訴えに、彼女の弁護人が反論したからであった。教区監督ヨーハン・フォン・エクスターが死んだのは、高齢で「寿命」であったからだ、と弁護人は主張した。ダムマイヤーの一件に関して、弁護人は彼の病気は魔術によって引き起こされたのではなく、神罰であると述べた。ダムマイヤーは名付け子であるマリー・シュピルケリングと寝たにもかかわらず、自ら代父として洗礼に参加しようとしていた。それは、秘蹟を冒瀆する許し難い行為であり、それゆえ、神の怒りを受けたのだ、と弁護人は反論した。

法的支援を要請されたヘルムシュテット大学の法学部は、イルゼ・ゼルタースを尋問する際、軽い拷問を行うよう指示した。被告人は高齢で衰弱しており、厳しい拷問を受けると死ぬ危険があった。この尋問で彼女が供述した内容は、魔術を証明するには不充分であった。その後、告訴人が被告人に対してより厳しい拷問を行うよう要請したとき、ヘルムシュテット大学の法学者たちはそれを拒絶し、逮捕された女を釈放するよう助言した。

イルゼ・ゼルタースの一件からわかるのは、呪術行為や呪術に精通した人々の活動を、教会や当局が阻止したいと考えていたことである。とはいうものの、魔女裁判が原則としてこれらの人々、とりわけ賢女を排除するために行われたのではないということも確かである。このことは他の地方でも確認できる。ヒルデスハイムにおいて、「賢女」像に合致する何人かの女性が、魔女罪で告訴されたが、全員が有罪判決を受けたわけではなかった。イルゼ・リッダーは、一五六四年に処刑された。一方、「名士や庶民から病気のとき助言を求められた」コルデ夫人は、リッダーから共犯と名指しされ、逮捕されていたが、一五六五年、法律上の所見により釈放された。また、カタリーナ・グリューンベルクは、兵士の妻で国中を放浪し、手相占いや予言をして生活費を稼ぎ、水晶玉占いもしたが、人々から金を巻き上げた詐欺罪で、一六二九年に鞭打ちの刑を受け、町から追放された。

今日一般に考えられているのとは異なり、魔女として有罪判決を受けた女性たちの多くは、賢女ではなかった。共同体において魔女は、賢女ではなく悪女とみなされた。賢女は魔女の敵対者であったし、自らそのようなものと考えていた。賢女たちは魔女信仰と魔女不安から利益を得ていた。なぜなら、彼女たちが助言を与えた顧客のなかには、魔女術にかかったと信じた者もいたからだ。確かに教会は呪術に精通する女性を批判し、彼女たちを魔女に近い、いやそれどころか魔女だと宣告したが、このことは、共同体の中での賢女たちの地位に決定的な影響を及ぼさなかった。賢女を魔女として迫害した割合は、地方によって様々であった。それゆえ、賢女が呪術との関わりを理由に、魔女罪の嫌疑を受けることはあったが、魔女裁判で有罪判決を受けた女性の多くは、賢女ではなかった。魔女像は多岐にわたっていたし、それに応じて女性を魔女とみなす動機も様々であった。

4 悪　女

様々な種類の魔女がいたが、彼女たちは皆それぞれ悪意を持っていた。ウンホルトやトゥルッテは以前は悪霊であった。女魔術師は、悪いことを企んで人に害を与えるために呪術の力を用いたので、魔女になった。悪魔の淫婦は、悪の根源である悪魔と結びついていた。一五世紀末、上部ドイツ〔訳注　現在のオーストリア及びバイエルン地方とシュヴァーベン地方〕において、初期の魔女裁判が行われた頃、魔女もしくはウンホルトという名称は、「悪女」や「逆のことをする悪い女」のことであると、聖職者や法学者はことある毎に強調した。民間説教師トーマス・ムルナウは、一五一二年、彼の創作詩『愚者の不平』のなかで、悪魔に帰依した魔女の本当の姿は、悪い老婆であると述べた。『魔女の鉄槌』の著者は、一四八七年、魔女術という犯罪に陥りやすいのが女性であるのは、女性の持つ悪意のせいであると主張した。この著者は、また、教父の説教や古典や聖書からの引用を使って、男性よりも女性のほうが強い悪意を持つ、ということを証明した。なぜなら、旧約聖書のなかで説教師が、「あらゆる悪意も女の悪意にくらべれば、取るに足らぬものである」と断言したからである。

宗教書の著者や説教師は、なぜ女性に悪を好む傾向があるのかという理由について、次のように述べている。まず、女性には悪魔の誘惑に陥りやすいという道徳的弱点がある。次に、女性の体は、月経が悪い蒸気となって頭にのぼり、悪い考えを起こさせる仕組みになっている。さらに、老婆に関しては社会的状況がその理由である。すなわち、老婆はあらゆる人々から軽蔑され非難され、困難と貧困のなかで暮らさねばならないので、「悪いこと」に利用され、悪魔に身を売り、魔術と関わらざるを得ないのである。

魔女のイメージは、昔から否定的な女性像、つまり、悪女と結び付けられた。口の軽さやお喋りは女性特有の不徳とされ、悪女は口が悪く喧嘩好きで、罵ったり呪ったりする癖があるとされた。ガイラー・フォン・カイザースベルクは、説教や夫婦に関する宗教書の中で、善良で敬虔な理想的な妻の姿を逆転させたものを、悪女として表現している。悪女とは神の秩序に従わない女、夫の伴侶ではなく夫の主人になろうとする女、喧嘩早くて罵り好きで「ガミガミ言う」女のことである。女の身で「権力」を握ろうとした女性は、魔女に近い存在とされた。悪女も魔女も「逆《さかさま》の世界」の代表であった。彼女たちは秩序を覆し、無秩序を作り出すので、キリスト教社会にとって脅威を与える存在とみなされた。共同体の中で喧嘩好きな女性、攻撃的な言葉を使い、神を冒瀆する発言をする女性、さらに「秩序」を乱す女性などが、魔女とみなされることが多かった。

一五八八年、リッペ伯領のリューデンハウゼン村では、聖職者をはじめ村のすべての人々は、

「悪女たち」の行為にすっかり忌まわしい気分になった。「女魔術師」として悪名高いルエケ・ドュスティングと彼女の「助手たち」、すなわち、ウレマイヤー夫人とヨアヒム・ザローメの妻は、畑でパンと葡萄酒を分け合い、勝手に聖餐の秘蹟を行っていた。その現場をマイヤー夫人が目撃した。マイヤー夫人は、ルエケたちが生意気にも「坊主から祭壇でもらうのと同じくらいおいしい」と言いながら、神を冒瀆する行為をしていたと証言した。彼女たちが不敵にも神の秩序をあざ笑ったので、もし、この行為を咎めなかったら神から罰せられるにちがいない、と村人たちは恐れた。「悪女たち」は僭越にも、教会の高位聖職者の行為をまねるという振舞いによって、聖職者と一般信徒の間にある垣根を越えたのみならず、原則として男性だけが取り行える教会儀式を、女性が実行することにより、男女の秩序をもひっくり返したのであった。

実際のところ、彼女たちはおそらく、畑で普通の夕食を取っていたのであろう。その際、彼女たちは挑発的な言葉を使って、教会の晩餐のまねをしたにすぎない。それをマイヤー夫人と夫人から報告を受けた牧師は、聖体魔術を、すなわち、神聖な儀式の逆の行為を行ったと考えた。それゆえ、牧師は、「悪女たちが聖体拝領の後、聖別された聖体〔訳注　キリストの体を意味するパンのこと〕を口から出し、悪魔の魔術を用いてこの聖体から毒をつくり、人間や家畜を魔術で毒殺し、隣人たちの畑が実らぬようにした」と語ったのである。

聖体魔術が行われたという話は、一般に知られていたし、噂話やビラによって広められた。次頁〔図7〕は、一五六七年にニュルンベルクで印刷されたビラの挿絵であるが、聖体魔術の

Gründtlicher warhafftiger Bericht/was sich am tag Kingundis den 3. Martij/zwischen etlichen Dienstmägden auffm Feldt/nicht weit von dem Dorff Poppenreuth/ eine kleine Meyl wegs von der Stad Nürenberg gelegen/ Für eine Wunderliche Erschröckliche Geschicht/ verloffen vnnd zugetragen. Mit angehengter Warnung vnnd Vermanung/ Das sich menniglich vor dergleichen leichtfertigkeit/verachtung GOTTES Worts/ vnnd der Heiligen Sacramenten/fleissig hüten wolle.

Erstlich zu Nürenberg durch Valentin Geyßlern gedruckt.

図７　畑で聖饗魔術を行う三人の魔女

絵としては典型的なものといえる。この絵でも、畑で三人の女性が勝手に秘蹟を行い、聖体を分け合っている。畑は、通常、魔女が仲間と会う場所で、町や村の秩序が及ばない所とされた。秘蹟を与えている女性は、明らかに悪霊（デーモン）である悪魔に支配されている。この描写はリューデンハウゼンでの状況と酷似している。

このような「忌まわしい犯罪」を犯した女性たちは、悪魔の助けを得て人間を殺すこともできる、と村人や牧師は考えた。牧師の妻が長い間病床に臥したのち、不幸にも死んでしまったのは、これらの女性たちが「毒殺」したからだ、と村人たちは信じた。

ルエケ・ドュスティング、別名「無理強いルエケ」は特別の悪女であり、他の二人の女性を扇動したとされた。教区では二〇年前から、すでに彼女は、「女魔術師」だと考えられていた。一五八八年に魔術罪で告訴されたとき、ルエケは寡婦として息子の家で暮らしていた。多くの女性と同様に、彼女は雇われて織物の仕事をしていた。ときどき、彼女はレムゴへ二、三日行って、商人の家で機を織った。証人として出廷した村人は、ルエケ・ドュスティングは人々に恐怖の気持を起こさせる悪い老婆であると述べた。彼女に復讐されるのが怖かったので、誰も彼女と喧嘩をしないようにした。また、休耕地で、誰も子供に一人で牛の番をさせないようにした。というのも、ルエケが子供や牛に何か悪事を働くかもしれなかったからだ。また、彼女が魔術を使ったと噂をした者は、彼女から非常に恐しい罵りや呪いの言葉を浴びせられたので、怖くなり不安になった。なぜなら、彼女が人々に「願った」ことは、現実となったからである。その一例として、彼女の息子とクルト・プフリューガーとの喧嘩が挙げられる。彼らが喧嘩をした後、ルエケはプフリューガー家の前にやって来て、呪いの言葉を吐き、彼に災いが訪れるよう願った。すると、しばらくして、プフリューガー家の人々は、全員が病気になり、なかでも一二歳の娘は、病気が昂じて失明してしまった。このことは、ルエケの呪いがもたらした結果だと考えられた。

村人はルエケのことを危険な女魔術師だと思っていた。一方、ルエケ・ドュスティングのほうも、村人に対し恐怖を抱いて暮らしていたことが、彼女の供述から伺われる。娘の失明はルエケのせいだ、とクルト・プフリューガーが言っていると聞いて、ルエケは自分が女魔術師として告訴されるかもしれないと思った。それ以後、彼女は殆ど家から出ず、隣人と顔を合わすのも避けて、喧嘩に巻き込まれたり魔術の罪を着せられたりしないよう心がけた。

ルエケ・ドュスティングや彼女の「助手たち」の一件と同じような例が、他の共同体においても見られた。魔術行使の嫌疑を受けた女性たちは、出廷した証人から典型的な悪女として訴えられた。つまり、彼女たちは、嫉妬や憎悪の念から身近な人間に不幸を願い、共同体の多くの人々と喧嘩をすると訴えられた。魔女罪の嫌疑が生じると、被告人も告訴人も恐怖と憎悪の念に駆られた。なぜなら、その争いの結果、死ぬことになるかもしれなかったからだ。嫌疑をかけられた女性たちは、法的迫害を受けることを恐れた。また、彼女たちとの争いに巻き込まれた者は、魔女が復讐するのではないかと恐れた。

魔女信仰と聞いて、学者や民衆がまず考えたのは、女性には魔術を使って密かに復讐する性癖があるということだった。実際、『魔女の鉄槌』では、女性は「腕力がないので、魔女術を使って密かに復讐しようとする」ことが強調されている。いばら姫のメルヒェンでは、一三番目の妖精は招待されなかったことに対する復讐から、揺り籠の中にいる子どもに呪いをかける。共同体の中で女性たちは、争いに巻き込まれて自分の利益を守れなかったり、不当に扱われたりしたときに、魔術を使って復讐すると見なされていた。

教区監督ヨーハン・フォン・エクスターを殺害したという理由で、イルゼ・ゼルタースが魔術の罪で告訴されたのは、前述のような見解に基づいていた。彼女の場合、娘の結婚の約束が守られなかったので、復讐したと思われた。その他、相続争いの場合、小作契約が解約された場合、売買や貸借が拒絶された場合、また、名誉毀損を受けた場合などに、女性が魔術を使って復讐するとされた。

家畜を飼い農業を営む村や小さな田舎町では、家畜に畑を荒らされるので、争いが頻発した。三圃式農業では、耕地の一部が交替で休耕地となり、家畜の牧草地として使用された。監視が行き届かなかったので、牛や馬や豚が隣人の畑に入って、穀物やその他の収穫物を食べたり、踏みにじったりして、畑を荒らすことがあった。そのような場合に対処するため、共同体内部で規則が作られた。被害にあった畑の所有者は、家畜の持ち主が損害を支払うまで、家畜を担保に取ることができた。一頭しか牛を持たず、損害を支払えない人々は、その一頭の牛が差し押さえられると、甚大な損害を蒙った。なぜなら、牛の乳は差し押さえた人のものになったからだ。馬を除く家畜の世話は女性の仕事だったので、このような争いは日常的によく起こった。差し押さえるときには、当然のことながら人々は喧嘩をしたり、脅したり、互に罵りあったりした。そこでは、女性の呪いや脅しの言葉は、ステレオタイプ化された魔女像に基づいて、魔術による復讐の予告と受け取られた。

次に挙げるリッペ伯領の二つの出来事は、女性がそれぞれ異なった立場から、前述のような紛争にかかわったことを示している。ベレ出身のヴィネケ夫人は、ヒンリッヒ・ヨルゲンを罵った。ヨルゲンの馬が夫人の畑に入って、オート麦を食い尽くしたからだ。馬が幾頭か死ぬと、ヴィネケ夫人の魔術のせいにされた。また、オスターホルツのルエケは、牛を一頭しか飼っていなかったが、その牛がマイヤーのライ麦畑で作男に差し押さえられた。牛を渡すのをルエケが拒否したので、作男は力づくで牛を連れていった。ルエケは怒って後を追いかけ、腹立ちまぎれに、「さあ、あっちへ追っていくがよい、牛を差し押さえたらどうなるか教えてやろう」と叫んだ。その後しばらくして、作男は両脚に痛みを覚えて病気になった。これは「悪女」が危害を加えたのに違いない、と彼は思った。

このような争いでは、呪いの言葉を発して相手が不幸になるようにと願うのは、男性たちの間でもよくあることだった。しかし、害悪魔術を行使したという非難は、常に女性に向けられた。そのことは、次に述べるトゥンデルンの一件を見れば明らかである。ヨーハン・プレーガーは、クルト・ヴァルターベルクの豚にライ麦畑を食い尽くされたので、数シェッフェル［訳注　穀物を量る昔の単位。地方によって異なるが、ザクセン地方では一シェッフェルは一〇三・八三リットル」のライ麦を損害賠償として、ヴァルターベルクに要求した。そのことから喧嘩となり、ヴァルターベルクが、「プレーガーは大きくなりすぎた。ちょっと小さくしてやらねばならない」と言った。プレーガーはこれを脅しと受け取った。そこで、プレーガーはヴァルターベルクを呼び、証人の前でこの言葉の意味について説明するよう釈明を求めた。しかし、ヴァルターベルクは、言葉の意味を説明しようともしなかったし、謝ることもしなかった。その後まもなく、プレーガーの四頭の馬と四頭の牛が死んだ。すると、プレーガーは、ヴァルターベルクの妻が魔術を使って、夫の代わりに復讐したと非難した。

悪女や復讐好きな女性が魔術を使うと魔女だと見なされるのは、いわゆる、性別役割分担に基づいた女性像によるものである。「毒舌」と「秘密」は女性の武器と見なされ、そのために女性は、魔術という邪悪な犯罪にかかわる傾向があるとされた。女性とは異なって男性は、人前で暴力を使って自己防衛するものと考えられた。窃盗や詐欺などの密かに行われる犯罪は、男性にとって、とりわけ卑劣な行為であるとされた。泥棒やならず者（詐欺師）と言われるのは、男性には最も不名誉で屈辱的なことであった。しかしながら、性別役割分担に基づいたステレオタイプの女性像や男性像は、あくまでもあるべき姿を示しているだけで、現実の姿ではなかった。実際には、毒舌をふるう男性もいたし、互いに侮辱し罵りあう男性もいた。逆に、女性たちも、暴力を用いて喧嘩をすることもあった。女性同士で互いに殴りあうこともあれば、男性と殴りあうこともあった。それにもかかわらず、性別役割分担という固定観念に縛られて、魔術の行使は女性のものとされた。つまり、女性たちは、密かに復讐したり魔術を用いたりして、争いを解決すると見なされたのである。

Ⅳ　女が魔女になる

1　共同体における魔女認定の規則と儀式

魔女祓い

一六五六年七月一六日、カタリーナ・シュタウディンガーはマールブルクにおける魔女裁判の審査で、自分が魔女であると自白した［訳注　九頁以下参照］。彼女の隣人は、以前から彼女が魔女ではないかと疑っていた。それどころか、魔女であると確信していたほどだ。彼女は自白により、自分が魔女であることを認めたのであった。この数年の間に、彼女は魔術を使って人々を病気にした、と非難されたことが何度かあった。このときすでに、彼女は魔女だという噂があり、病気も彼女のせいであると言われていた。個々のケースを見ると、彼女と被害者との間で、利益をめぐる争いや喧嘩があったというわけではなかった。カタリーナ・シュタウディンガーには、人々に呪いをかける悪女のイメージはなかった。彼女は呪術に精通していたわけでも、特別な知識を持っていたわけでもなかったので、嫌疑をかけられるような女性ではなかった。魔女術の嫌疑がまず最初に向けられたのは、賢女や女予言者や女治癒師であった。しかしながら、これといった「魔女の特徴」を持たないカタリーナ・シュタウディンガーは、魔女として告発された多数の女性たちの典型的な一人であった。つまり、魔女裁判の被告人は、「普通の」市民または農婦であり、大抵は下層市民または下層農民に属す女性であり、既婚者または寡婦で高齢者、つまり、四〇歳以上の女性であった。

およそ三〇年前、カタリーナ・シュタウディンガーが初めて魔女だと非難されたとき、彼女は結婚しており、幼い子どもをかかえていた。彼女は田舎から出て来て、マールブルクの職人の家で女中奉公をしていた。そして、マールブルクの鍛冶屋シュタウディンガーと結婚した。隣人たちが彼女に疑いの目を向けたのは、彼女がその土地の人間でなかったからだと思われる。このように、魔女の嫌疑をかけられた女性は、その土地の男と結婚した「よそ者」の女性であることが多かった。

当時カタリーナ・シュタウディンガーは、子どもに魔術をかけたと非難された。近所に住む鍛冶屋ベネディクト・グートの三才の息子が病気になった。その子の体力がどんどん落ちていき、どんな薬も効かなかったので、両親は子どもを診察してもらうため理髪師兼外科医（バーダー）を訪れた。彼は子どもの体を診察し、普通の病気の徴候が何もみられないので、魔女術によるものだと両親に告げた。外科医の力ではどうにもならなかった。そこでベネディクト・グートは、ローゼンタールに住む賢女に助言を求めた。その賢女は魔女術による病気を治すことができるとされていた。賢女は子どもに魔女術がかけられたことを確認し、その子を元通り元気にしただけでなく、両親に請われて厄祓いをし、魔女術をかけた魔女を呼び出そうとした。「厄祓いする（バネン）」という言葉は、「魔力（バン）の中へ引き込む」という意味で使われた。女助言者である賢女は、翌日の午前一一時から一二時の間にグートの家に犯人を呼び寄せ、「一〇人の中の一人ですら必要としないし、また、使いもしないようなもの」を、犯人がグートに要求するように仕向けた。

翌日の昼頃、カタリーナ・シュタウディンガーが鍛冶屋の家にやって来て、貸していたヴルフシャベルを返してくれと言った。ヴルフシャベルとは、脱穀の際に穀物からもみ殻を取るのに使う農具であった。それは一七世紀に開発され、広い穀物用農地を持つごく一部の市民だけが所有していた。彼女がシャベルを取りに来たとき、グート夫人は、魔女祓いをした賢女が呪術力で呼び出した犯人とは、カタリーナ・シュタウディンガーのことだと確信した。激怒したグート夫人は、横に立っている鍛冶屋の職人に子どもを押し付け、近くにあるシャベルを取り、何も知らないシュタウディンガーにむかって怒り狂って殴りかかろうとした。シュタウディンガーはグートの家から逃げ出したが、グート夫人に「こら魔女、恥さらしの売女め、うちの子どもに魔術をかけるとは、いったい私が何をしたというんだい」と言われて、路地を追い回された。グート夫人の言動はごく当たり前のものであった。それどころか彼女の対応は、魔女術の嫌疑をかけられた女性に、どう対処するべきかを定めた共同体の規定に合致していた。つまり、グート夫人は、魔女術に対する非難を公に行ったので、路地の住民全員をこの出来事の証人にしたのであった。当時の法律ではこういう場合、被疑者は自己弁護しなくてはならなかった。そのための規則や儀式も定められていた。しかし、カタリーナ・シュタウディンガーは自己弁護をしなかった。それゆえ、彼女に対する非難は正当であるとみなされた。彼女はグートの妻に出会うのを避けるため、回り道をして自分の家に戻った。以上のような理由から、カタリーナ・シュタウディンガーが魔女であるという噂は真実だと見なされた。

この時点ではまだ裁判には至らなかった。しかし、事件は人々の記憶に残っていた。魔女術が使われたことが明らかになると、人々は続いて起こった事件も怪しいと感じるようになった。カタリーナ・シュタウディンガーが魔女術行使の疑いで捜査されたのは、それから三〇年後であった。その裁判では、以前に「魔女術をかけられた」ラインハルト・グートの兄ハインリッヒが、証人として出廷し、三〇年前の出来事について証言した。彼の証言によって、シュタウディンガーは典型的な魔女の条件を満たしており、彼女の行動は犯罪者特有のものである、ということが立証された。また、この証言から、共同体ではどのような規則に従って、魔術が認定されるのかがわかる。すなわち、突然発病したり、治療効果がなかった場合に、魔女術の行使が疑われた。前述のラインハルト・グートの場合、魔女術が行使されたのではないか、と最初に疑ったのは両親ではなかった。両親は「疑うことを知らなかった」。そこで、二人の専門家〔訳注　外科医と賢女〕が診断した。しかし、証人は賢女の名前を覚えていないと言った。というのは、法廷では通常、助言をしてくれた賢者や賢女を危険にさらさないよう、彼らの名前は伏せられていたからだ。しかし、シュタウディンガーの一件では、彼女がグートの家に現れたのは偶然ではなく、賢女の呪力によるものとされた。グート夫人は路地に住む人々全員の前で、魔女術を使ったと言ってシュタウディンガーを非難した。公衆の面前で行われたこの非難は、公の行為と認められた。罪を着せられた者は、もし無実なら、その中傷に反論しなくてはならなかった。ところが、シュタウディンガーは反論せず、その場からこっそり抜け出した。それによって、彼女は罪を認めたとみなされた。そのうえ、ハインリッヒ・グートは、もう一つ彼女に不利な事実を述べた。それは、カタリーナ・シュタウディンガーが帰宅したとき、夫は彼女を殴り彼女と別れる決心をした、というものだった。夫ですら、シュタウディンガーを魔女だと思っていたということを、証人はこの事実によって間接的に「証明」したのであった。

シュタウディンガーを罵ったあと、グート夫人にはまだ災難が続いた。息子であるハインリッヒ・グートの報告によると、彼の母親はその二、三日後、シュタウディンガーに道で出会って突き飛ばされたそうだ。そのうえ、シュタウディンガーが触ったところだけではなく、顔までも

「殴ってもこれ以上黒くなりえない」ほど真っ黒になったそうだ。そして、今でも彼の母親は、道でシュタウディンガーに出会うたびに、痛みを感じるそうだ。シュタウディンガーの魔力を証明するのに証人が挙げた事実は、女性どうしの暴力を用いた喧嘩にすぎなかったと考えられる。おそらく、カタリーナ・シュタウディンガーは、自分を中傷した女を打ちのめすことによって、自分の名誉を守ったのであろう。このときから、グートの母親とシュタウディンガーは、互いに敵意を抱くようになった。ハインリッヒ・グートは、「子どものときから」両親や多くの市民が、シュタウディンガーは魔女だと言っていたのを聞いていた。

カタリーナ・シュタウディンガーを魔女に仕立てたのと同じようなケースは、魔女裁判の時代にはよく見られた。一六一一年、エルヴァンゲンのバルバラ・リューフィンは、同様の手順を経て、魔女だとその正体を暴かれた。リンデルバッハ村の一人の農夫は、家畜が次々と死ぬので、ルステナウに住む賢女に助言を求めた。この賢女は彼の家にやって来て、彼の不運はある「悪い人」によって引き起こされたと断言した。そのうえ、賢女は、損害を引き起こした張本人の女が近いうちにやって来て、三つの品物を望むだろう、そして、その女が三つの品物を手に入れると、家畜の状態はもっとひどくなるだろう、と予言した。そのあとやって来たのがバルバラ・リューフィンで、彼女が肩掛けとバターと揺り籠を貸してほしいと言ったので、農夫は品物を貸すのを拒否した。すると、家畜は元気になった。これによって、バルバラ・リューフィンは魔女である、ということが明らかになった。女予言者である賢女の出した指示は、魔女信仰の考え方に基づいていた。つまり、借りた物を通じて、リューフィンは貸した家とつながりを持ち、その家の生き物に自分の魔力を及ぼすことができるというのだ。このパターンに従って解釈すれば、リューフィンが何かを要求したということは、損害を与えようと思ったからだ、ということになる。

病人がでたり、家畜が死んだり、牛の乳が出なくなったり、バター作りに失敗したりすると、共同体ではしばしば魔女術のせいにされた。しかし、被害者は、ただちに魔女嫌疑で特定の人物を訴えるということはしなかった。被害者は助言を求めて、賢者、つまり予言者の所へ行ったり、あるいは職業柄自然の病気と魔術を区別する能力を持つ者、たとえば、外科医や理髪師［訳注 理髪師は昔は外科医も兼ねていた］や皮剝ぎ人などの所へ行ったりした。このような人々は、犯人を見分ける方法を教えたり、厄祓い儀式を指示したりした。なぜなら、厄祓い儀式が行われると、魔女は姿を現わさずにはいられなくなる、と人々は考えたからだ。一般に犯人は犯行現場に戻ると信じられた。それゆえ、処刑された犯罪人、とりわけ殺人者は、いわゆる成仏できない幽霊としてさまよい、必ず犯行現場に戻ると思われた。

リッペ伯領ブロンベルク出身の皮剝ぎ人は、農夫ハンス・コラーに厄祓い儀式を薦めた。この儀式によって一五八八年、クラインマルペ村のカトリーネ・ヒルカーは魔女だとその正体が暴露された。ハンス・コラーの馬が死んだとき、皮剝ぎ人は馬の体内に蛆虫と「蛇」を見つけて、それは馬が魔術にかけられたしるしだと考えた。皮剝ぎ人はコラーに死んだ動物の肉を一切れ与え、鍋で煮るよう指示した。馬の肉が火に掛けられていたとき、カトリーネ・ヒルカーが庭に現れ、

二、三本のキャベツの苗をハンス・コラーの妻に渡そうとした。コラーの妻は彼女にキャベツの苗など頼んでいなかったので、ヒルカーの妻がやって来たのは死んだ馬の魔力に引き寄せられたからであり、それを隠そうとして口実にキャベツの苗を使った、ということが証明されたことになった。なぜなら、魔術を用いて動物を殺した人間は、死んだ動物の魔力に引き寄せられると信じられていたからである。

チューリンゲン国ノイシュタットに住むファルク・シュルツェとアポロニア・シュルツェ夫妻の一件については、すでに述べた［訳注　一一七頁以下参照］が、シュルツェ夫妻は雌牛の被害について、男性の賢者に助言を求めた。そこで賢者は厄祓い儀式を行うよう指示した。その内容は、魔法をかけられた雌牛にはニガヨモギ、黒ヒメウイキョウ、ディル、マジョラムから作った薬草飲料を与えること、さらに、牛小屋をこれらの薬草で燻すことであった。この儀式を行うと、雌牛に悪事をしかけた者が必ず家の前に現れるはずだ、と賢者は言った。ここでは犯人を見分ける認識魔術が、治療と混ざり合っていることがよくわかる。シュルツェの妻は薬草治療を一週間続けたあと、一日、中断した。マルガレーテ・ミュラーは毎日シュルツェの家にやって来て、扉越しに覗いていったが、薬草治療を中断したその日だけは、姿を見せなかったという。それでシュルツェの妻は、マルガレーテ・ミュラーが雌牛に魔術をかけたと思う、と証言した。確証を得るため、シュルツェの妻はさらに別の儀式を行った。新しい鍋を買い、それで牛乳を沸騰させ、呪文を唱えた。そして「牛乳魔女」が魔力に引き寄せられて姿を現わすのを待った。牛乳を沸騰させるということは、当時、一般に普及していた厄祓い儀式である。牛乳魔術の疑いがあり、牛乳泥棒の正体を暴く必要があるとき、その儀式が行われた。

厄祓い儀式には、魔女術をかけられた人や動物が、魔女や女魔術師と呪力でつながっているという考え方がその根底にあった。つまり、誰かが対抗魔術を使って「魔女の犠牲者」を救ったり、家畜に薬草を与えたり、死んだ動物の一部を煮立てたり、牛乳を沸騰させたりすると、魔女はその力に引き込まれ、その効果を自分自身の体に感じたのである。そうすると、多くの場合「犯人」が現れ、［訳注　対抗魔術によって引き起こされたと思われる］苦痛を訴えた。魔女の訪問が「普通」の訪問と異なる点は、はっきりした理由もないのに、口実をつくってやって来る、というところにあった。ヒルカーの妻は、キャベツの苗を持ってくるよう、頼まれてなどいなかった。マルガレーテ・ミュラーの場合もそうであった。留守にしていると思わせるため、アポロニア・シュルツェが家に鍵をかけていたにもかかわらず、マルガレーテ・ミュラーはやって来た。そのうえ、よりによって厄祓いの日に、しかも、シュルツェの妻がちょうど乳搾りをしているときに、怪しい「牛乳泥棒」が牛小屋にやって来て、ニカワ糊を借りようとした。シュルツェの妻はこれを口実と解釈した。ミュラーの妻が牛小屋にやって来た本当の理由は、自分の意志ではなく、厄祓い儀式による呪縛と考えられたのである。

魔女のお喋り

しかし、厄祓い儀式だけでは、魔女を生み出すことはできなかった。噂が広まって、はじめて魔女を生み出すことができた。ある事件に関して、共同体の中で噂になったとき、魔女によるものかどうかが議論された。一定の規則が存在し、女性被疑者はその規則に則した反応をするよう期待された。それゆえ、女性被疑者の反応もまた、噂の対象になった。このような規則は、原則としてあらゆる犯罪行為や名誉毀損にも適用された。中傷された人が自分にかけられた嫌疑に反論しなかった場合、中傷した人が正しいとみなされ、噂は真実だとされた。一方、名誉毀損もまた、罰せられた。不当な非難をしたり、噂をひろめたりした人は、名誉毀損で訴えられることを覚悟しなくてはならなかった。

不当な非難をすると、名誉毀損で訴えられることもあったので、魔女術を使ったのではないかと本人に直接聞くのは、危険なことであった。それゆえ、マルガレーテ・ミュラーが厄祓い儀式の最中にやって来たとき、アポロニア・シュルツェは魔女術のことを、彼女に直接聞くことはせず、仄めかすだけで済ませた。アポロニアは、ミュラーの妻が魔女術を使ったと非難したのではなく、「事実」のみを語った。すなわち、アポロニアは、自分は雌牛に薬草を与えたが、そうしろとそそのかしたのはミュラーの妻だ、この事実をどう解釈したらいいのだろう、とミュラーの妻に語ったのである。仄めかしで語られたり、陰で噂されると、被疑者の女性は対応に困った。

魔女術の嫌疑をかけられた場合、問題はその点にあった。それゆえ、マルガレーテ・ミュラーは、魔女術の嫌疑で逮捕されたとき、「シュルツェの妻は自分を魔女に仕立てるつもりだ、そのつもりがないのなら、自分に賠償すべきだ」とただちに抗議したのである。この決まり文句から明らかになるのは、魔女を認定するための規則というものは、魔女を生み出すためのものであったということだ。

マルガレーテ・ミュラーの事件から、一般に女性たちの間の噂や噂された当人の反応によって、その女性は魔女であるという疑惑が深まり、子どもが死んだりすると、その女性のせいにされたということがわかる。マルガレーテ・ミュラーは、その土地の者ではなく、結婚して共同体の一員となった女性であるということが、この場合、非常に重要な意味を持っていた。彼女は四キロ離れたヴォメン村の出身で、その村は隣の国であるヘッセンに属していた。マルガレーテはハンス・ミュラーの妻として、ノイシュタット［訳注　チューリンゲン国に属す］にある夫の両親の家で暮らしていた。ミュラーという姓は、職業をあらわす名称［訳注　ドイツ語のミュラーは粉屋を意味する］で、父と息子はその土地で粉屋を営んでいた。

マルガレーテ・ミュラーに関する噂は以前からあり、シュルツェの妻が厄祓い儀式を行ったとき、初めて生じたものではなかった。最初に噂をたてられたのはその一、二年前で、ブーヘナウ出身のマルガレーテ・アスムスが、司法行政区の役所所在地ゲルストゥンゲンにおいて、魔女術の罪で逮捕されたときであった。マルガレーテ・アスムスは盲目の老婆であり、村や町で呪文を唱えて病気を追い払う治癒師の仕事で生計を立てていた。魔女裁判はセンセーショナルな出来事なので、人々のお喋りの格好の話題となった。新しい噂が生まれると、古い噂が再び蒸し返された。魔女術が告発されると、昔の事件が再び取り上げられた。ブーヘナウの老婆〔訳注　マルガレーテ・アスムスのこと〕は告発される前に、マルガレーテ・ミュラーの夫であるハンス・ミュラーと喧嘩をしていた。ミュラーの妻が病気になったとき、ブーヘナウの老婆に「呪文による治療」を依頼したが、うまくいかなかった。そこでハンス・ミュラーは、「妻に例のものをかけた」と言って、ブーヘナウの老婆を非難し、損害を賠償しないなら、ぶん殴ってやると脅した。ブーヘナウの老婆も黙ってはいなかった。ノイシュタット出身のカタリーナ・シュメックに、「私にできることなら、ヴォメンに住むハンス・ミュラーの義母にもできる」と語った。この発言によって、ブーヘナウの老婆は、害悪魔術を行使したという、自分に対する非難や間接的な魔女告発を、そっくりそのまま告発者の方に返上しようとした。ブーヘナウの老婆は、ハンス・ミュラーの義母に魔術の罪を転嫁することによって、ミュラーの妻も魔女であると仄めかしたわけである。なぜなら、魔女術についてのステレオタイプの考え方によると、魔女の娘は母親から「術」を学ぶとされたからだ。この発言はカタリーナ・シュメックによって噂として広められ、ノイシュタットやその周辺の村で話題になった。

この噂には続きがあった。このあとで、アルヒフェルト出身の農地管理人の妻レギーナ・ヴェーバーは、夜にヴォメン村を通り過ぎたとき、マルガレーテ・ミュラーの母親の家で、何かが煙突からを飛び出したり飛び込んだりしているのを見た。魔女は舞踏に行くとき、煙突から飛び出すという言い伝えどおりの光景であった。魔女であるマルガレーテの母親が飛んでいるのだと思い込んだレギーナは、自分の見たことを言いふらした。この噂がノイシュタットで広まると、マルガレーテ・ミュラーは母親と距離を置き、自分自身の名誉を守るために、自ら噂に口をはさんだ。農地管理人の妻、通称「ほえ犬」のレギーナが、マルガレーテの母親を「魔女のお喋り」に連れて行ったこと、ヴォメンで母親と一緒に暮らしていた兄弟が、噂を聞いて母親を殴り、母親のことを正真正銘の魔女だと言って罵倒したことなどを、マルガレーテ・ミュラーは隣人アポロニア・シュルツェに話した。これらの噂に対するマルガレーテの発言は、自己弁護のためであったと思われる。しかし、「彼女の発言は自分のためだとしても、母親のためにはならない」のだから、この発言によって、マルガレーテは母親に罪を着せることになり、その結果、自分自身も罪を負うことになった。

マルガレーテ・ミュラーは、ブーヘナウの老婆が裁判にかけられたとき、証人として呼ばれることになった。それを聞いてマルガレーテ・ミュラーが示した反応から、彼女は疑わしい人物である、とノイシュタットの女たちは判断した。ゲルストゥンゲンでは、通常、被告人を証人と対決させたので、マルガレーテ・ミュラーは自分の母親の噂がひろまった後で、裁判所に呼び出されるのを恐れた。ブーヘナウの老婆が尋問でマルガレーテ・ミュラーを共犯者、もしくは舞踏仲間として、名指しで挙げる可能性があったからだ。マルガレーテ・ミュラーは隣人たちに不安を打ち明け、ブーヘナウの老婆が無実の人の名を挙げないことを望む、と語った。隣人のなかにアポロニア・シュルツェもいた。自分が潔白なら恐れることはない、と女性たちはマルガレーテ・ミュラーに対して、冷淡な態度を取った。不安のせいで、マルガレーテ・ミュラーは疑惑を呼びおこす人物となり、疑惑がさらに噂を煽った。

このあと、マルガレーテ・ミュラーは、自分が良心に疚しい点がないということを証明しようとして、魔女に関する噂話に加わり、自ら進んで話題を提供し、ノイシュタットの女性たちの噂話を広めようとした。市壁の番人詰所で数人の人たちが、ブーヘナウの老婆の処刑について話していたとき、彼女もその話に加わり、まだ他にもヨハネス・ゲッペルの妻やハインリヒ・ホーマンの妻や寡婦ゲレヒテンなども、魔女だという噂が立っていると漏らした。さらに彼女は、自分の妹が一年前に牧師の家畜番をしていたとき、ゲッペルの家で夜、「竜」が煙突から入るのを妹は見た、と語った。マルガレーテ・ミュラーは自分の母親に不利な噂がたって、すっかり不機嫌になっていたので、そんなことが、もし自分の家で起きたのなら、ノイシュタット中がこの噂で持ちきりになっただろう、しかし、起こったのがゲッペルの家［訳注　この町の有力者であったと思われる］だったので、「口止めされ、秘密にされたのだ」とつけ加えた。マルガレーテ・ミュラーのこの発言は怪しいと見なされ、裁判では彼女の罪の一つに数えられた。司法官（アムトマン）［訳注　司法行政に携わる地元役人の筆頭］は、彼女が魔女術を使う女性たちの名前を知っていたので、「おそらく魔女術の知識があるだろう」と判断した。

　このような状況にあって、ファルク・シュルツェとアポロニア・シュルツェ夫妻は、彼らの雌牛が何年も前からたびたび死ぬのは、魔女術によるのではないかと疑うようになった。アポロニア・シュルツェが隣人マルガレーテ・ミュラーを、「厄祓いで正体をあらわした魔女」だと思ったのは、マルガレーテに関するこれまでの噂を聞けば、無理もない話だった。シュルツェの妻アポロニアが薬草儀式を行った週には、シュルツェの家には他にも女性たちが来ていたはずだ。しかし、ノイシュタットの住民の目には、厄祓い儀式のあとのマルガレーテ・ミュラーの行動は、きわめて怪しく映った。つまり、彼女は村中を歩き回り、出会った女性たちに、シュルツェの妻が自分に魔術をかけた、と苦情を言いふらした。こうして、マルガレーテ・ミュラー自身が犯人であるという印象を人々に与えることになった。シュルツェの妻が牛乳沸騰儀式を行ったと噂で聞いて、マルガレーテは、教師の妻やジーモン・オルトマンの妻に苦情を言った。しかし、ここでも彼女は冷たくあしらわれた。女性たちは、「どんなに長いあいだ牛乳を沸騰させようとも〔訳注　マルガレーテがかけたとされる牛乳魔術に対する対抗魔術として、アポロニアが牛乳沸騰儀式を行ったことを指す。一二〇頁以下参照〕、もしマルガレーテが潔白ならば、魔女祓いをして彼女を追い払うことは誰にもできないはずだ」と言って、彼女を非難した。

　この事件で特筆すべき点は、女性たちが誰一人として、直接、マルガレーテ・ミュラーに罪を着せたわけではないということと、彼女を告発したのは第三者であったということだ。ノイシュタットの女性が数人、糸紡ぎをするために、ドロテーア・ヴァイセンボルンの家に集まったとき、彼女たちは、マルガレーテ・ミュラーがかけたといわれている「牛乳魔術」について、噂をした。ヴァイセンボルンの妻はこのあとでミュラーの妻に、人々が「悪事の罪」を彼女に着せようとしていると伝えた。規則に従えば、マルガレーテはここで自己弁護をし、反論しなくてはならなかった。しかし、彼女はドロテーア・ヴァイセンボルンに対して沈黙を守り、一方で、他の女性に助けを求めた。今やこの地域の雰囲気は、マルガレーテ・ミュラーにたいする猜疑心や不信感、さらに魔女術に対する恐怖心で一杯だった。

フォルクマル・ラントフェルデンの子どもが生後一八日で亡くなると、まず、魔女術のせいではないかと疑われた。というのも、ブーヘナウの老婆が、赤子に魔女術をかけたと白状していたからだ。人々は、魔術をかけて子供を殺すという、典型的な魔女の姿を思い出した。マルガレーテ・ミュラーは産婦を見舞った訪問客の一人で、その赤子にも触れていたので、魔術を使って赤子の体に「衰弱させるもの」を入れたとされた。マルガレーテは、今回もその噂に反論しなかったので、彼女を魔女だと疑っていた人々は、いまやそれを確信するまでになっていた。その結果、ノイシュタットの住民は、女たちも男たちもこぞって、マルガレーテ・ミュラーについて噂した。シュルツェ家の前の広場で、数人の男たちが、ミュラー家では夫も舅もマルガレーテを公に弁護するのを拒否したので、マルガレーテは、「それじゃ、わたしはブーヘナウの老婆のようになるのね」と言って、起訴されるのをすでに覚悟している、などと話していた。はじめは女性たちの間の「お喋り」だったものが、いまや、村長の家の前の広場でささやかれる噂、すなわち、村全体の噂話になっていた。このような状況になってはじめて、マルガレーテ・ミュラーは反撃に出た。彼女はゲルストゥンゲンの司法官を訪れ、名誉毀損と魔女術の噂をひろめた罪で、アポロニア・シュルツェを告発した。

反撃に出た時期が遅すぎたことが、彼女に悲劇を招いた。彼女は自分の置かれている状況を正しく把握していなかった。ゲルストゥンゲン［訳注　司法官の在駐する役所のある町、目次裏ix頁地図参照］から戻ったとき、夫は彼女にどうしてそこへ行ったのか、その理由を尋ねた。さらに、そこへ行ったことが彼女を不幸にするのだ、と夫は言った。それに対して彼女は、良心に恥じることはしていないから、恐れる必要はない、と確信に満ちて反論した。そのうえ、彼女は牧師が味方してくれると信じていた。期待通り、牧師は司法官の質問に、彼女は規則正しく教会に通っているし、隣人関係も良好であるので、自分は彼女に満足していると答えた。しかし、牧師のこの発言も、マルガレーテ・ミュラーを救うことはできなかった。

一方、マルガレーテに告発されたシュルツェの妻は、司法官の前に呼び出されたが、自己弁護をしたり、原告に不利なことを数多く申し立てたりしたので、マルガレーテの訴えは却下された。そこで、マルガレーテ・ミュラーに対して、魔女罪の捜査手続きが開始された。

マルガレーテ・ミュラーの問題点は、彼女がヘッセン国から嫁に来た女性で、ノイシュタット［訳注　チューリンゲン国］の女性たちに受け入れられなかったことである。彼女はノイシュタットの女性たちから、魔女の標的に「された」というわけではなかった。彼女に対する最初の魔女疑惑は、ブーヘナウの老婆の発言から生じた。場所はヴォメンであった。この段階で彼女は、自分が住む共同体の女性たちと連帯する必要があった。しかし、マルガレーテが自己弁護しようとしても、共同体の女性たちは受け入れなかった。そこにマルガレーテはひそかな敵意を感じた。その中には嫉妬や悪意も含まれていたと思われる。例えば、ゲルトルート・ホーマンは、ミュラーの妻があんなにたくさんバターを作れるのは、魔女だからに違いない、とドロテーア・ヴァイセンボルンに言った。一旦疑われると、マルガレーテがどんな行動をとっても、良心の疚しさを表していると受け取られ、罪を認めたというふうに解釈された。

マールブルクのカタリーナ・シュタウディンガーの場合は、また別の力が作用していた。三〇年以上も前、子どもの病気が魔女術によるものと思った親は、それを追い払うため厄祓い儀式を行った。その結果、シュタウディンガーが怪しいと見られ、彼女に魔女術の疑いがかけられた。しかし、この嫌疑は、マールブルクでずっと公にされることはなかった。ところが、それから三〇年後の一七世紀中頃になって、マールブルクで魔女裁判が行われた。すると、それがきっかけになって、隣人たちはまた昔の事件を思い出した。というのは、魔女裁判が引き金となって、人々は以前からある魔女の噂を掘り起こし、疑わしい事件や人物に関心を向けたからである。カタリーナ・シュタウディンガーは、以前から魔女だと世間から非難されていたので、彼女から罪の自白を得ることは、隣人たちにとってそれほど難しいことではなかった。証人たちがすでに尋問で、彼女に不利な証言をしていたので、罪を自白すると、彼女はただちに逮捕された。彼女が靴屋に靴を二、三足注文していたと聞くと、人々は彼女が逃亡しようとしていた、国境を越えてダルムシュタットの親戚の所へ行こうとしていたのだ、と噂した。

シュタウディンガーは年老いた魔女で、彼女の行動はすべて魔女術の典型的パターンだとみなされた。彼女が病気の原因を作ったのだとか、彼女が悪魔と交際したり、魔女儀式を行ったりするのを見たなどと、隣人たちは互いに噂しあった。

ヨアヒム・ホーレンシュタインは、シュタウディンガーが市壁のそばにある彼女の菜園で裸になり、シャツを裏返して、奇妙な行動をしているのを見た。これは魔女儀式以外の何ものでもない、ひょっとすると魔女飛行の準備かもしれない、と彼は考えた。魔女は裸でいるものと思われていた。雄山羊に乗っている魔女も、飛行用軟膏を塗っている魔女も裸で描かれている。服を裏返すのも、同じように魔女の証拠とされた。それらはすべて、逆《さかさま》をイメージしたものであった。ヨアヒムが魔女儀式だと思ったのは、シュタウディンガーが衣服の中の虱を取ろうとしていた行為であった。後で尋問の際に彼女が説明したように、彼女は虱を払い落とそうとして、衣服を脱いだだけであった。

悪魔は、魔女であるカタリーナ・シュタウディンガーのもとに、こっそりやって来た。そのことは、ヴァイデンハウゼン出身の醸造所の親方ヨハネス・ラートによって明らかにされた。彼は自らの体験を次のように述べた。ヴェッター小路にあるマールブルク醸造所へ行く途中、彼は醸造所の裏手にあるシュタウディンガー家の奥の小部屋で、シュタウディンガーが一人の男と話をしていたのを窓の外で聞いた。その少し前に親方は、シュタウディンガーの息子と嫁に出会っていた。息子夫婦は菜園へ行く途中だった。家には誰も居ないはずなのに、話し声が聞こえたので、家の中で何が起こっているのかと思って、親方は聞き耳を立てた。窓は人の背丈より高いところにあったので、中を覗くことはできなかったが、病気の老婆に体の調子を尋ねる男の声を聞くことはできた。シュタウディンガーは体調が悪いと嘆いていた。続けて彼女は、「あなたは私を見捨てる。息子と嫁も私を見捨て、私が死ぬのを望んでいる」と言った。それに対して声は、「いや、あなたは死なない。私はあなたを見捨てはしない。三日後に、またあなたの所に来て、杖で歩けるようにしてあげる」と答えた。親方はこの会話を不審に思い、家の中で何が起こったのかを確かめようと思った。ビールを飲みたいという口実をつくって、彼は家の中に入っていった。そこにはシュタウディンガーの孫娘がいて、祖母は病気で自分の部屋にいると言った。おばあさんの所で喋っているのは一体誰なのか、と親方が問うと、祖母のほかは誰も家にいない、と孫娘は答えた。確かなことを知りたいと思ったヨハネス・ラートは、孫娘を祖母の所へ行かせて、先ほど誰と話をしていたのか尋ねさせた。ラートはここでは何か正しくないことが起こっていると感じたが、彼の疑惑は孫娘の返事でさらに深まった。というのは、孫娘が、部屋で話し声がするなんて言っているのは一体誰なのか、祖母は知りたがっていると答えたからである。しかし、この出来事については、これ以上詳しく知ることはできなかった。醸造所の親方は、シュタウディンガーが話していた相手は、悪魔に違いないと思い、この出来事をヴァイデンハウゼン中に噂として広めた。それに対して、カタリーナ・シュタウディンガーの弁護人は、冷静な反論を展開した。弁護人は、骨折を治すラインハルト・ラーベという医師兼治癒師が、大腿骨を骨折して寝込んでいたシュタウディンガーを訪れていた、と反論した。この医者は彼女の脚を接合し、彼女を勇気づけ、新しい包帯に取り替えるため、三日後に来ることを約束していた。

カタリーナ・シュタウディンガーが悪魔と接触したという噂は、本当の話として次から次へ囁かれた。たとえば、隣の息子の結婚式の祝宴で、あるいは、ヴァイデンハウゼンの教会の献堂記念祭で、ビールを飲みながら語られた。

パウルス・ザイファー夫人は、朝まだ暗いうちに、使用人を連れてパン焼き小屋へ行った。ヴェッター小路にあるシュタウディンガーの家の前を通りかかったとき、彼女は雄山羊の姿をした悪魔の眼が、窓のところで光っているのを見た。この光景に、彼女と女中たちは麻痺したようになって、動けなくなった。皆で一緒にお祈りを唱えると、ようやくその姿が消えて、パン焼き小屋へ行くことができた、とザイファー夫人は語った。一連の出来事は、シュタウディンガーが悪魔と計ってやったことだという点で、人々の考えは一致した。またある晩、シュタウディンガーは眠れないので、家の中を歩き回っているうちに転んでしまった。隣人はガタガタという物音を聞き、彼女が雄山羊に乗って階段を降りたのだと思った。

人々はシュタウディンガーを避けた。寡婦マルガレーテ・クリンゲロアだけが彼女に変わらぬ友情を示し、彼女をかばい、悪魔の話は「明らかに嘘」だと言った。しかし、かばうことによって、クリンゲロアも、魔女であるシュタウディンガーの共犯ではないか、と疑われた。嫌疑をかけられた女性の味方をすることは、危険であった。そのようなことをすると、味方をした女性は、自分の名誉を失う恐れがあったし、彼女自身が魔女の嫌疑をかけられることになった。このような理由から、悪い噂のある母親には、娘ですら距離をおいた。マルガレーテ・ミュラーの場合が、その一例である。

神判

魔女術の行使を噂された女性たちは、自分の「罪を晴らす」、つまり、自分の無実を証明するだろうと人々は予想した。それをしない場合、彼女たちは罪を認めたとみなされた。共同体の紛争を解決するための規則には、無実を証明するのに使われた弁明儀式があった。しかし、この弁明儀式は、それで無実が証明できない場合、逆に、有罪が証明されることになったので、両刃の剣であった。マルガレーテ・ミュラーは、ラントフェルデンの子どもを魔術で殺したという噂をたてられた。噂が偽りであることを証明するには、ラントフェルデンの家で「身体判定」を受けてくることだ、とミュラーの妻は忠告を受けた。身体判定を受けるということは、ここでは棺桶神判を意味した。棺桶神判とは、殺人被疑者を被害者の遺体の前に連れてきて、有罪か無罪かを証明するものであり、中世の裁判では神判の一つとしてよく行われた。犯人が棺桶に近づくと、遺体が血を流し始めると人々は信じた。この民間信仰については、ニーベルンゲンの伝説で一般に知られている。殺害者ハーゲンが現れたとき、ジークフリートの遺体から血が流れたのである。棺桶神判は一六世紀に至るまで、多くの地域で裁判に取り入れられていた。この神判を受ける被疑者は、右手を死者の上に置いて、自分の無実を誓わなくてはならなかった。一方、参審人（シェッフェ）〔訳注　判決提示人〕はその間、遺体の反応を観察した。

近世初期に司法改革が行われ、ローマ法が導入されると、神判は「呪術儀式」として、原則として否定された。同様に、犯人捜査に予言者を用いることも否定された。しかし、裁判の前段階において、有罪か無罪かを証明する手段として、神判は一八世紀に至るまで、共同体のなかで行われていた。マルガレーテ・ミュラーの場合、棺桶神判がどのように行われる予定であったのか、調書には記されていない。しかし、中世における棺桶神判とは違って、ここでは、死んだ子どもに現れる何らかのしるしが、女性被疑者の無罪を証明すると信じられていたことが、証人の発言からわかる。それゆえ、マルガレーテ・ミュラーは棺桶神判を受けることを躊躇し、助言を得るため、夫を牧師の所へ行かせたのである。牧師は、この儀式を受けに行けば、彼女に嫌疑がかかるので、やめておくよう助言した。それで、マルガレーテ・ミュラーは行かなかった。ノイシュタットの住民は、彼女が来なかったことを、彼女が罪を認めたことだと解釈した。裁判では、むしろ彼女がこのような「迷信に基づいた」儀式を受けるかどうかを検討したということ自体が、彼女が罪であるとされた。それに対して彼女は、この儀式を受けるよう忠告したのは、義理の兄の女中であり、こんなことを思いついたのは、女中の「馬鹿な頭」のせいだと主張した。

魔女術の嫌疑を受けた者が、有罪か無罪かを調べるために神判を用いた儀式は、この他にもあった。それは水審［訳注　水による神判のこと］で、中世の裁判でよく使われた判定手段であった。水審とは、罪のある人は清らかではないので、清らかな水からはじき出されて浮き上がる、逆に、無実の人は清らかなので、水に受け入れられて沈む、という考えに基づいていた。ただし、無実の人は溺死することのないよう、水から引き上げられた。

今日、一般に普及している見方とは異なり、水審は公の判定手段として、魔女裁判で使用されることは殆どなかった。それは多くの領邦国家では、当局から禁止されていた。しかし、共同体の中では、裁判の前段階において、しばしば実施された。水審によって自分の無実を証明しようとして、女性被疑者が自ら水審を希望することも稀ではなかった。

一六七五年、ラーフェンスブルク伯領エンガーで、厳しく禁止されていたにもかかわらず、女性たちは水審を実行した。担当司法官は、行われた水審に関して次のような報告書を作成した。ヴェルフェン出身の老婆ポルトランの娘イルゼは、魔女術を行使した罪で告発されたので、司法官に水審を申請したが拒否された。そこで彼女は自ら働きかけて、ヴェルフェンと周辺の村の人々に、「水浴び」をするつもりだと告知した。一六七五年七月一六日正午、イルゼは百人以上の人々が立会うなか、二人の女性とともにヒュフ池で水審を行った。その二人というのはイルゼの妹のグレーテとリムベルク出身の女性であった。母親である老婆ポルトランは、まず、告発された娘イルゼの両手両足を十字にくくり、池に突き落とした。イルゼは池の底に沈んだが、すぐにまた、浮かび上がった。そこで、必死になってなんとか沈もうとしたが、うまくいかなかった。母親は彼女を水から引き上げ、再度投げ込んだが、同じことの繰り返しであった。母親が三度目の試みをしようとしたとき、イルゼは、「もう水はこりごりだ」と言って拒否した。もう一人の娘は自分から水に飛び込み、その後すぐに池から上がって逃げてしまった。リンベルクの女性も、同様に、池の底に沈むのに成功しなかった。彼女たちは服を着たままであったし、池の底が平らでつかまる水草などがなかったので、無実を証明することができなかった。

水審はあらゆる弁明儀式と同様、女性被疑者にとって両刃の剣であった。彼女たちは神判を信じ、自分が無実だと分かっていたので、「水浴び」によって、共同体の人々に自分の無実を証明できると信じていた。だが、証明はしばしば失敗に終わった。その場合、共同体の人々は、女性被疑者を魔女だと確信した。女性たちはこの失敗を別の領域での罪、たとえば、窃盗とか姦通とかのせいにした。

使者の派遣と証人との対決

魔女術を行使したとして、自分を告発しているのが誰であるかがわかっていれば、告発された女性たちも、その人に告発を取り下げるよう要求して、自己弁護することができた。すなわち、裁判所に名誉毀損で訴えるとか、共同体の儀式を利用するとかの自己弁護の方法があった。共同体の儀式の一つに、「使者派遣（ベシックング）」というものがあった。リッペ伯領では、相手に向かって直接行うのではなく、第三者を介して行われた名誉毀損については、通常、「使者派遣」の儀式がよく使われた。自分が中傷されたと知った人は、中傷した人の家へ男性二人を送り、その中傷に責任を持つかどうかを、問いただすことができた。ときたま、中傷を取り消したり、否定したりする人もいた。また、魔女または窃盗犯として損害の責任をとってもらいたいとき、使者を派遣して、それを伝えることもあった。その場合、使者を送りこまれた人は、使者を送った人の家を訪れて、反論することもできた。

裁判の前に行われるこの儀式は、裁判の場合でいうと、被告人と証人の対決に相当する。この儀式では、告発人があくまで非難にこだわると、たいていの場合、被疑者に不利になった。リッペ伯領シュテルンベルクのアネッケ・ビッカースの場合が、その一例である。アネッケ・ビッカースは、素性からして、すでに「女魔術師」と噂された女性であった。彼女の父方の祖母は、一五五〇年代に魔術の行使で逮捕され、拘留中に死んだ。彼女の父親は、自分の母親から魔術を学んだと言われていた。そのことだけで、アネッケは疑わしい人物とみなされ、三〇年の間ずっと、周囲の人々から疑いの目で見られてきた。その結果、ついに彼女は、一五八八年、害悪魔術による具体的な被害で告訴されたのである。

彼女の夫ヒンリッヒ・レーデカーは、従兄弟と農地の所有を巡って争った。その結果は、ヒンリッヒ・レーデカーに不利なものであった。その後、悪天候に見舞われたこの土地は、他の土地よりもひどく荒廃し、雨によって大部分の土砂が流れ去ってしまった。従兄弟が畑を耕していたとき、通りかかったヒンリッヒ・レーデカーは、いくら種を蒔こうが収穫は殆どないだろう、と言って脅した。彼のこの呪いの言葉は、彼自身ではなく、彼の妻アネッケ・ビッカースに重大な結果をもたらした。すなわち、従兄弟の母親が病気になると、母親は、アネッケ・ビッカースが復讐のため自分を病気にした、と思ったのだ。聖餐のために家に来た牧師にも、病気はビッカースの復讐だ、と母親は言った。「そのことに対して自分は命だけではなく、死を賭けてもよい」という決まり文句を使って、母親はアネッケ・ビッカースを強く非難した。

臨終の際、だれかが犯罪行為を告発すると、告発された人が圧倒的に不利になった。それはこの村だけに限ったことではなかった。一五三二年に皇帝カール五世が制定した刑事法典第二五条によると、臨終での告発は、嫌疑が裏づけられたことになり、裁判においては、被疑者を拷問してもよいと認める間接証拠の一つであった。なぜなら、嘘をついて永遠の至福を逃したくないから、だれでも死に直面すると真実を語る、という見方が背景にあるからだ。

レーデカーの母親は、もし自分が死んで、アネッケ・ビッカースが「当然の報いを受ける」ことがない、つまり、魔術を行使した罪で、裁判にかけられることがないのなら、この場に居る人々、すなわち、牧師や隣人たちが、この女魔術師に対して何らかの行動をとるということを彼らに約束させた。この事件のあと、村から依頼された二人の男が、アネッケ・ビッカースの家を訪れ、レーデカーの告発を伝えた。アネッケ・ビッカースは、レーデカーに対して弁明しなくてはならなくなった。彼女は二人の男とレーデカーの所に行き、隣人たちの面前で次のように尋ねた。「イルゼ、私はあんたに魔術をかけたかい。」それに対して病人は、「ああ、あんたはかけたよ、ほら、畑のことでね。私が所有する権利があるものは、もう持っている、とあんたは言ったじゃないか」と答えた。アネッケ・ビッカースがレーデカーの母親に対して用いた、「所有する権利のあるものをもう持っている」という言葉は、おそらく、呪いとして解釈されたり使われたりした決まり文句であろう。魔術の行使を強く非難するため、レーデカーの母親はビッカースに、「私から離れろ、女悪魔め」と言いながら、ビッカースの顔に唾を吐きかけた。これによって、アネッケ・ビッカースの有罪が確定した。

ビッカースの娘マリーが、その後間もなく障害児を産んだ。産婆によると耳がなく、両手は肩にくっつき、脚も膝から下はなく、膝に一六本の指がはえていたという。ビッカースが、自分の無実を示す御しるしを与え給え、と神に呼びかけていたのを、村人たちは覚えていた。不具の子どもは、ビッカースとその娘マリーの罪を表わす神の御しるしだと見なされた。二人には、魔女であるという判決が下された。

魔女嫌疑をかけられた女性たちが、共同体の中で暮らしていくのは困難がともなった。確かに昔から、儀式という規則があり、紛争を解決するためや弁明するために、儀式を用いることもできた。しかし、女性たちに一旦魔女嫌疑がかけられると、彼女たちの行動は、すべて嫌疑を証明するものとして、解釈されてしまった。黙っていることや「じっとしている」ことは、罪を黙認したとみなされた。また、裁判では、証人がそのことを取り上げて、被告人に不利な発言をした。しかしながら一方では、魔女嫌疑を受けた女性にとって、沈黙することは必ずしも無意味ではなかった。なぜなら、沈黙していると、争いや噂が広がるのを避けることができたからである。たとえば、カタリーナ・シュタウディンガーの場合、彼女が沈黙を続けていたので、人々は非難したことを忘れてしまった。しかし、それによって彼女が救われたわけではなかった。なぜなら、三〇年後に人々はまた、そのことを思い出したからだ。魔女罪では大抵の場合、「悪い思い出」は、証拠として有効であった。

魔女だと面とむかって言われたり、告発されたりしたときは、その中傷に反論することによって、自己弁護することができた。しかし、面と向かって魔女だと言われるようなことは、滅多になかった。普通は陰で噂された。すると、第三者がやって来て、悪い噂が流れている、と相手の女性にこっそり伝えた。そのような場合には、浄化儀式によって弁明することもできたが、あらゆる弁明手段と同様に、この儀式を使うと有罪をはっきり証明してしまう危険性もあった。したがって、被疑者たちは、そのような儀式を行うのをしばしば拒否した。誰が非難したのかわかっていれば、その相手に告発を取り下げるよう要求することもできた。名誉毀損で告訴する、という法的手段に訴えることもできたし、また、裁判の前段階である使者派遣の儀式を使うこともできた。この二つの手段が、女性被疑者にとっていずれも失敗の確率が高いことは、マルガレーテ・ミュラーとアネッケ・ビッカースの件が示している。二人とも自己弁護を試みて失敗すると、ただちに裁判にかけられたのである。

2　嫌疑から告発へ

一五七三年、ザクセンで印刷された作者不明の『魔術に関する小冊子』で、著者は魔女の残虐行為を描写し、魔女裁判を強行するよう民衆を扇動している。「当局が煮え切らないので、民衆は率先して炭と火を要求しなければならない。裁判の話からもわかるように、悪魔の数は年々増えているのだから。」

「民衆」が当局を動かそうとした証拠は、村人から領主に出された数多くの請願書として残っている。請願書の中で村人は、自分たちの村や教区の「魔術という嫌悪すべき悪徳」を罰し、悪女を裁判にかけるよう要求している。ゲッティンゲン大公領オーゼンの司法官ヒルマル・フォン・アメルンクセンは、一五八三年、ミュンデンにある官房事務局参事会に次のように伝えている。共同体の中で、「魔術による悪事」を行うといわれている「評判が悪く魔女の疑いがある女たちに、出頭するよう厳しく指導すること」を、管轄地域の魔女委員会のメンバーが、フォン・アメルンクセンを度々訪れて、請願したというのである。フォン・アメルンクセンは、当局代理人として刑罰行使権を握っていたが、同時にまた、共同体の告発や嫌疑の内容を検討し、ミュンデンの官房事務局と協議の上、容疑者について調査する義務があった。

ナッサウ伯爵ヨーハン六世は、一五八二年、司法官宛ての手紙のなかで、「告発されている魔女を処刑するよう何度も」要請された、と書いている。伯爵は領主として責任を感じ、法学者に助言を求めた。そして、「身体と生命、とりわけ魂の至福がかかっている場合は、通常の告発よりも慎重に扱われねばならない」という結論に達した、と彼は述べている。ナッサウ伯爵は、人々の魔女迫害がエスカレートするのを、たえず抑えようと努めた。これとは逆に、たとえば、領主兼修道院長ヨーハン・クリストフ・フォン・ヴェスターシュテテンのように、率先して魔女狩りを行った人物として、歴史に名を残した領主もいた。彼はエルヴァンゲン及びアイヒシュテット大修道院領を統治していたが、一七世紀初頭におよそ三〇年に及ぶ大迫害を行った。このように魔女狩りに積極的な領主もいたが、多くの領主は消極的であった。要するに、共同体が魔女裁判を要請しても、慎重に対応した領主が数多くいたのである。

魔女迫害を積極的にすすめるため、いくつかの領国内の村や町は、領主に対抗して魔女委員会を結成した。魔女委員会が置かれた領国は、トリアー選帝領、ケルン選帝領、プファルツ＝ツヴァイブリュッケン、ナッサウ＝ザールブリュッケン、ロートリンゲンなどであった。魔女委員会のメンバーは共同体から選出された。彼らの仕事は、共同体に住む疑わしい人物に関する情報を集めたり、証人リストを作ったり、所管の上級裁判所で裁判が実施されるよう要請したりすることであった。

魔女委員会がない地域でも、村人たちは魔女裁判を要求し、原告になって積極的に魔女迫害に関わった。そのことについて、リッペ伯領内の実例を紹介する。一五八六年五月二〇日、シュランゲン教区の住民は、領主リッペ伯爵ジーモン四世に、オスターホルツ村やコールシュテット村やシュランゲン村の悪名高い女性たちを、魔女として法的制裁を加えるよう要求した。村人たちは、老婆デッペとその娘メッテ、オスターホルツ出身のルエケ、エルゼ・ルットとその娘アネッケ、トゥリーネ・ブンゼンなどの名前を挙げた。ジーモン伯爵は村人たちに、訴訟を申請してもよいが、「告発された罪状」が証明されない場合、もしくは、「女たちが自白しない」場合は、三〇〇ターラーの罰金を支払わねばならないと言い渡した。領主はこの条件をだすことによって、誤って他人に罪を着せると、原告自身も罰せられるという法の原則を守ろうとした。この条件を受け入れた共同体は、証拠資料をまとめてデトモルト裁判所に送った。その結果、七月一八日に、一七人の男性と一人の女性が証人として尋問された。

ジーモン伯爵は、証人調書をマールブルク大学法学部に送り、鑑定を依頼した。なぜなら、伯爵も部下の役人たちも、これらの証言が女たちを逮捕し、拷問を用いて尋問するのに十分であるかどうか、確信が持てなかったからである。八月一三日、マールブルク大学の法学者たちは、老婆デッペとその娘メッテおよびトゥリーネ・ブンゼンの三名のみ、裁判にかけることができると伝えた。老婆デッペはその時すでに村から逃亡しており、どこへ行ったのかわからなかった。メッテ・デッペとトゥリーネ・ブンゼンはデトモルトに連行されて、牢獄に入れられ、そこで尋問された。その結果、メッテ・デッペは有罪判決をうけて処刑されたが、トゥリーネ・ブンゼンの方は村へ戻された。彼女が村へ戻って来ると、教区の住民は、再び伯爵に次のように要請した。

このような「殺人犯である女魔術師」が、自分たちの村にいるのは、許しがたいことであり、また、非常にゆゆしいことだ。「長年にわたり、魔術を行使した疑いがある評判の悪い女」を村に送り返すとは、領主は「哀れな臣民」である自分たちに、あまりにも無慈悲であると思わざるをえない。彼女の害悪魔術によって被害を蒙った人々は、このことを永遠に許さないだろう。彼女は有罪である。拷問がさほど厳しくなかったので、自白をしなかっただけだ。

釈放されて再び村へ戻って来た女性たちを人々が恐れたのは、彼女たちが自分たちを敵視して、復讐するかもしれないと思ったからだ。別の地域でも、共同体は、そのような女性たちを再び村に受け入れるのに抵抗を示した。一五八三年、カーレンベルク＝ゲッティンゲン伯領トゥンデルンの住民は、司法官のヒルマル・フォン・アメルンクセンに、魔術行使の罪で逮捕された女性たちに、有罪判決が確定するよう、これまで以上に厳しく尋問することを要求した。村人たちは、「女たちのうち一人か二人でも、村に戻ってくるようなことがあれば、トゥンデルンでは多くの住民が酷い目にあうだろう」、と恐れていた。このことから、魔女裁判で釈放された女性たちが、その後どのような運命をたどらねばならなかったかが想像できる。彼女たちは、共同体の中では相変わらず魔女だと見なされ、排斥され続けたのである。

シュランゲン村の住民はリッペ伯爵に、トゥリーネ・ブンゼンに対する裁判を再開するよう要求した。住民はさらに、処刑されたメッテ・デッペが、尋問で「仲間」と呼んだのは誰のことなのか、公表してほしいと言った。なぜなら、公開裁判の日に［訳注　当時、裁判は最終判決のみ、公衆の面前で行われた］、仲間の名前が読み上げられなかったからだ。領主が、無罪判決を受けた者を保護するために、名前を伏せたのである。この領主の統治下では、証人尋問で嫌疑が明らかになるまで、女性たちが逮捕されることはなかった。領主に宛てた教区住民の請願書は、魔女迫害の続行を望むという、次のような文で締めくくられている。このような表現は、当時、共同体ではよく使われたものである。

身分高き領主には、神の下僕として、正義の剣を振るう任務が託されている。悪が当然の報いとして罰せられ除去され、善が守られるよう、神の下僕である領主は、法を護り、正義を行う義務がある。それゆえ、伯爵は魔女裁判を実施することによって、自らの職務を遂行し、全能なる神に対する務めを果たすべきである。それは、「悪霊や魔女によって堕落させられた哀れな人々」のためになることなのである。

共同体の人々は、この請願書に新たな証拠資料を添えて提出した。その結果、裁判が再開されて、女性たちは次々に逮捕され有罪判決が下された。こうして一五八九年四月、トゥリーネ・ブンゼン、アネッケ・ルット、グレーテ・シェーファーが処刑された。

シュランゲン教区の事件には、魔女狩りの典型的要素が幾つか見られる。つまり、魔女迫害をするよう強く主張したのは、共同体の人々であったということ、また、社会問題や経済問題の原因は害悪魔術にある、と大多数の人が考えたということである。「女魔術師」を告発するために挙げられた理由は、氷山の一角にすぎなかった。魔術をかけられて、人間や家畜が病気になったという非難は、一見、よくあるパターンのように思われる。また、争いがエスカレートするうちに、女性たちは脅したり呪ったりしたが、その争いの原因も些細なことだったと思われる。しかし、これらの非難や争いは、生存競争から生じたものであった。そのことは、当時の生活条件を考えればよくわかる。一六世紀後半には人口が急増し、田舎では下層農民の数が激増した。これらの人々が生活の糧を確保しようとしたので、その分配をめぐって争いが起きた。既婚女性や母親や娘も、そのような争いに積極的に参加した。このように生活状況が厳しくなると、下層の人々は貧困や空腹に脅かされ、共同体は競争心や嫉妬心や不信感に満ちていた。誰かが病気になったり、何かが紛失したりすると、それは嫉妬や敵意を抱く隣人の仕業だと解釈され、また、窃盗や魔術によるものと説明された。ここで、被告人の女性たちが巻き込まれた共同体における紛争例を二、三紹介して、教区内の雰囲気や問題を伝えておく。

アネッケ・ルットは、義兄ドレーヴェス・ハルトマンの雌牛に魔法をかけて死なせた、と告発された。ハルトマンはアネッケの姉と結婚していたが、妻と争いが絶えなかった。彼は妻の家族、とりわけ兄弟が長年彼の所有物を盗み、そのせいで自分は貧乏になったと思い込んでいた。そこで、彼は義兄弟に損害補償として雌牛一頭を要求したが、義兄弟はこれを拒否した。その後すぐに、一頭しかいなかったハルトマンの雌牛が死んだので、彼はアネッケ・ルットが魔術をかけたと疑った。一頭しかいなかった雌牛を失ったことは、貧しい彼にとって、深刻な損失を意味した。

農夫ヴルフクーレは、老婆デッペとその娘メッテのせいで貧乏になったと噂された。ヘルマン・ヴルフクーレの家では、馬数頭と乳牛四頭が死んだが、このことは彼にとって、破産を意味した。彼は自分の不運を、デッペ家の二人の女性がかけた害悪魔術によるものだと思った。なぜなら、ヴルフクーレは、彼女たちの嫉妬と憎悪が絶えず自分に向けられていると感じていたからだ。争いが始まったのは二〇年前のことだ。デッペ家のガチョウが、ヴルフクーレの畑の穀物を食い尽くしたのだ。貧しい農民の間では、家畜がよその畑に入った場合、管理を怠ったのではなく、餌を食べさせるために、家畜の所有者が意図的に入れたと考えられた。少なくともヴルフクーレの父親は、老婆デッペがわざとガチョウを彼の畑に追い込んだと思った。そのことについて二人は激しく言い争い、老婆デッペはそのあと村で、ヴルフクーレの父親に、「二度と緑の草の上を歩けない」ようにしてやると言った。これは脅迫であり、ヴルフクーレの父親がまもなく死ぬことを予言したと思われた。臨終のとき、ヴルフクーレの父親は、デッペが自分を病気にしたと訴えた。ヴルフクーレの息子ヘルマンは、それ以来、老婆デッペとその娘メッテを自分の敵と見なした。あるときデッペは、ヘルマンと口論して、ヘルマンを罵った。このあとヘルマンは、畑を耕し、腹立ち紛れに自分の馬を酷使した。すると馬は衰弱して倒れて、やがて死んでしまった。この馬が死んだのは、デッペが魔術で呪ったからだ、とヘルマンは解釈した。

トゥリーネ・ブンゼンは一五年前、最初の夫に先立たれ、身ごもったままリップシュタットからシュランゲンにやって来て、ヨーハン・ブンゼンと結婚した。トゥリーネ・ブンゼンとヨーハン・ブンゼンは、畑を担保にして貸付金を借りたうえ、数人の村人に借金をした。支払いが滞ったので、債権者は担保の土地を取り上げて耕作しようと思った。しかし、ブンゼン夫妻は、農地を二重に担保に入れていた。このことが判明すると、債権者の怒りは「よそ者」である妻に向けられた。そこでシュランゲンの村人は、彼女が最初の夫を毒殺したという噂を思い出した。トゥリーネの前夫が臨終の際に、彼女を魔術の罪で訴えたということを、リップシュタットの二人の市民が証言していたのである。

トゥリーネ・ブンゼンは、雌牛に魔術をかけて死なせた、と債権者たちから告訴された。ベルント・クロッケからも、魔術を使って母親の体を麻痺させたと非難された。トゥリーネとクロッケの母親は、クルミ拾いに行ったとき喧嘩をした。トゥリーネ・ブンゼンは、クロッケの母親のほうがクルミを多く集めたことに腹を立てて、今回はクルミを集めさせてやるが、次からはもう集めさせてやらない、と呪いの言葉を吐いた。この喧嘩の動機はけっして些細なことではなかった。イチゴやクルミ集めは、女性と子どもにできる食料確保の仕事として重要なものであった。とりわけ、農地や家畜をほんの僅かしか所有しない下層農民は、このような補助的な仕事によって、食料を確保することに期待した。この領域での競争は厳しく、人よりたくさん集める者は、他の人々に「損害を与える」とみなされた。ここには限られた物資をめぐる人々の争いが、鮮明に浮かび上がっている。

老婆クロッケは、この喧嘩の後、転倒して脚を骨折し、麻痺したまま治らなかった。息子の証言によれば、「すっかりだめにされた」ので、もはや働くこともできなくなったそうだ。この家族は、子どもも老人も含めた家族全員の労働力で、生計を維持していた。自分の家族すら養えない貧しい男にとって、体の麻痺した母親は、重荷となった。そこで、母親は物乞いをして生きていかなければならなかった。

この村の住民は、自分たちの不幸と貧困の原因が、魔術にあると解釈した。また、魔術を使う女性たちに、妬まれたり嫌われたりすることを恐れたので、彼女たちに魔女の罪を着せたのである。「魔女」を罰し、彼女たちを共同体から排除することで、人々は不幸の原因を取り除いたと考えた。さらに、魔女の処刑は、これ以上魔術を使わせないための、「見せしめ」の意味もあった。魔女裁判にかけられた女性たちの悲劇は、争ったときの彼女たちの言動が、争いの原因にされてしまったところにある。

3　マルガレーテ・ミュラーの裁判

当局が「公正な裁判」を行おうと努力すると、女性被告人にいかなる結果がもたらされるかということは、マルガレーテ・ミュラーの裁判を見ればよくわかる。マルガレーテ・ミュラーがアポロニア・シュルツェを名誉毀損で告訴したので、一六五七年七月三一日、ゲルストゥンゲン在駐の司法官ハンス・エルンスト・フォン・ヴィッツレーベンは、シュルツェの妻〔訳注　アポロニア〕を尋問した。シュルツェの妻は、ミュラーの妻〔訳注　マルガレーテ〕に魔女術の罪を着せたことなど一度もなかった、ミュラーの妻は自らの行状のせいで噂されたのだ、と主張した。さらに、ノイシュタットではミュラーの妻が魔女術を行使したという噂が広まっているので、ミュラーの妻が怪しいと思う、とシュルツェの妻は述べた。シュルツェの妻の供述をもとに、司法官はこの件をアイゼナハの官房事務局に届け出て、今後、どのように扱うべきかその指示を仰いだ。

枢密顧問官兼国務長官であるツァハリーアス・プルーンシェンクは、チューリンゲンを統治するヴィルヘルム・フォン・ザクセン侯の代理として、魔女術行使の容疑で、マルガレーテ・ミュラーを逮捕するよう指示した。捜査はまず、証人尋問から始まった。そこで、ファルク・シュルツェとアポロニア・シュルツェ夫妻が、証人として魔女裁判に出頭した。その他の罪状に関しては、ラントフェルデン夫妻やマルテ・ヴィルデン（ラントフェルデンの死んだ子どもの祖母にあたる）やミュラーの夫および姑などが、尋問されることになった。さらに、司法官は、マルガレーテ・ミュラーの品行に関して、ノイシュタットの牧師ルードルフ・マイやミュラーの妻の隣人たちに聴取した。カロリナ刑事法典第二五条によると、容疑者の品行は、犯罪容疑を裏づけるものであるかどうか、また、拷問による尋問を行ってもよいかどうかを決定する重要な要素であった。

マルガレーテ・ミュラーに対する裁判は、その筋のお達しによる裁判がすべてそうであるように、異端審問の手順に従って行われた。証人及び被告人尋問は、傍聴人なしで行われ、証人は自分の尋問を他人に口外しない、と誓約することが義務づけられた。裁判の権限を持つ当局の代表者は、アイゼナハの官房事務局にいた。司法官がいるゲルストゥンゲンでは、このアイゼナハの官房事務局とイェーナ大学法学部が決定したことを、そのまま遂行するにすぎなかった。国務長官は、職務上、原告として命令を出す際には、イェーナにある参審人裁判所〔訳注　民衆の代表とされる参審人が裁判の審理に参加する判定機関〕の「博士」と呼ばれる法律専門家の見解に従った。マルガレーテ・ミュラーに対する裁判では、何度も博士たちに助言が求められた。マールブルクのカタリーナ・シュタウディンガーの場合〔訳注　一三二頁以下参照〕とは異なり、マルガレーテ・ミュラーには弁護人がつかなかった。裁判に関わる担当部局が増えたので、異端裁判は経費がかさみ、手続きは長引いた。マルガレーテ・ミュラーの裁判では、裁判所の使者が文書を届けるため、一年以上にわたってゲルストゥンゲン、アイゼナハ、イェーナの間を何度も馬で行き来した。

最初の文書は、マルガレーテ・ミュラーの告訴状とシュルツェ夫妻の立場表明書及び供述書であった。八月四日、司法官フォン・ヴィッツレーベンは、この文書をアイゼナハに送った。八月八日、国務長官プルーンシェンクが証人尋問を命じ、八月一一日から一四日まで、司法官によって尋問が行われた。このときの証言の結果、マルガレーテ・ミュラーに対する魔女術の嫌疑は、動かし難いものとなり、まず穏便に、すなわち、拷問によらない尋問をするという決定が、アイゼナハで下された。害悪魔術の質問項目については、司法官が証人の供述を参考に作成することになっていた。悪魔との契約、キリスト教信仰の否定、悪魔との情交及び魔女の舞踏に関する質問は、これより前に行われたブーヘナウのマルガレーテ・アスムスの魔女裁判〔訳注　一二五頁以下参照〕での質問から借用された。

八月二六日、マルガレーテ・ミュラーは、司法官から九〇項目に及ぶ尋問を受けた。行使したとされる魔女術を彼女が否定したので、夫以外の証人が再び呼び出され、彼女と対決した。証人は全員誓約をしたうえで、マルガレーテ・ミュラーに不利な証言を繰り返した。八月三一日、アイゼナハの担当部局は、調書をイェーナに送るという結論を出した。九月一二日、イェーナの参審人は、証拠不十分のため、隣人たちにもう一度聞き込み調査を行い、逮捕された女の品行について、魔女術を証明する間接証拠を新たに挙げなければならないという条件を付けた。司法官は、マルガレーテ・ミュラーが昨年クリスマスの市でナツメグの実を二個盗み、商人から殴られたという情報を得た。九月二二日、マルガレーテ・ミュラーは窃盗容疑で尋問され、犯行を認めた。しかし、彼女は盗んだのではなく、手袋を拾うときに誤って実を一緒につかんでしまったのだ、ナツメグの実は商人に返した、と主張した。

相談を受けたイェーナの参審人裁判所は、逮捕された女が評判の悪い人物であり、さらに窃盗の疑いもあるので、魔女術の嫌疑は正当であり、尋問で拷問を用いることを認めざるを得ない、との結論に達した。刑吏〔訳注　死刑執行人も兼ねる〕の立会いのもとで、始めは穏便に尋問する、それでもなお否認するようであれば、拷問道具を見せる、この段階でまだ自白しないようであれば、拷問に取りかかる、という指示を出した。尋問におけるこれらの手順は、通常の手続きであって、魔女罪だけでなく、他の犯罪行為にも適用された。

一〇月になると、イェーナで下された決定がゲルストゥンゲンに届き、拷問による尋問が開始されることになった。するとマルガレーテ・ミュラーは、妊娠していると申し立てた。当時の法律では、妊婦を拷問にかけることは認められていなかった。そこで、何人かの産婆が彼女を診察したが、妊娠は確定できなかった。その結果、国務長官は拷問による尋問を四週間延期し、その間、産婆に彼女の診察を続けるよう指示した。一〇月二〇日、マルガレーテ・ミュラーの体内に、「生命が動く」のを産婆が確認した、と司法官が報告した。一〇月二四日、アイゼナハにおいて、マルガレーテ・ミュラーに対する法的手続きは、出産まで延期し、そのうえ彼女が逃亡しないよう、体調を崩さない程度に拘束する、という決定が下された。

一六五八年二月二六日、マルガレーテ・ミュラーは、牢獄で健康な女児を出産した。六週間の「産褥期間」が終わり、四月九日、司法官は今後とるべき措置についてアイゼナハに問い合わせた。国務長官は、出産前、出産中、出産後における被告人の態度および祈りの回数などについて、報告書を出すよう要求した。その調書はエアフルト大学法学部に送られ、一六五七年一〇月にイェーナの参審人が出した決定が、依然として有効であるかどうかについて判断を仰ぐことになった。四月二〇日、牢獄で出産に立ち会った産婆やミュラーの妻を牢獄で世話した傭兵ロスとその妻バルバラが、証人として尋問された。彼らは、ミュラーの妻は異常な行動をとることはなかったが、一度も祈らなかったと述べた。この証言によって、彼女は悪魔と結託しているという嫌疑が、さらに深まった。

四月二四日、エアフルトで出された結論は、逮捕された女を拷問によって尋問すること、ただし拷問は、赤子の「栄養に支障をきたさぬよう」行使すること、という内容であった。国務長官はこの指示に従って、無制限の拷問による尋問を母親に行うことができるよう、被告人の子どもに乳母をあてがった。五月三日、マルガレーテ・ミュラーは、ミュールハウゼン出身の刑吏ハンス・ニコル・メーシングが立会うなか、まず穏便に尋問された。彼女が魔女術を否認したので、刑吏が拷問を開始した。彼女は両手を背中でくくられたまま、はしごに縛られて吊り上げられ、膝から下の脚は脚ネジで固定された。一時間半後、彼女は自白し始めた。彼女は魔女であり、また、女魔法使いであり、悪魔と契約を結び、神を否定し、悪魔と淫らな行為をし、魔女の舞踏に参加したと自白した。舞踏で彼女はノイシュタットや近隣の村の人々を何人か見かけた。その人々の名前も彼女は挙げた。ファルク・シュルツェとアポロニア・シュルツェの雌牛の損害も、フォルクマル・ラントフェルデンの子どもの死も、彼女が魔術を使って引き起こしたことだと自白した。

規定によると、二回目の自白は、刑吏の立会いなしで行われなければならなかった。マルガレーテ・ミュラーには、自白する覚悟ができていた。彼女の自白調書は、アイゼナハの指示に従って、イェーナの参審人裁判所に送られた。法学者たちは、火刑による処刑を彼女に言い渡した。彼女は剣による処刑への減刑を願い出たが、受理されなかった。五月一四日、国務長官は、最終判決日を決定し、被告人の処刑を命じた。

魔女裁判の過程で公開されるのは、この最終判決日だけであり、通常、それは中央広場（マルクトプラッツ）で行われた。共同体の人々が全員立会うなか、広場の法廷で自白が読み上げられ、被告人はその項目を、一つずつ再確認しなければならなかった。このようにして、魔女術の罪というものがどういうものか、その場に居る人々に知らされた。公の場で魔女の自白が読み上げられると、魔女術のステレオタイプが普及し、地域ごとに自白のパターンが作られるようになったのである。

この時点では、マルガレーテ・ミュラーはまだ処刑されなかった。剣による処刑への減刑願いが拒否されて、火刑に処されると聞くと、彼女は自分は魔女ではない、自分に対し不当な行為がなされている、と牧師に訴えた。四月二八日、司法官は被告人の態度についての牧師の報告をアイゼナハに送った。アイゼナハの決定は、牢獄外で法廷参審人立会いのもとで、あらためて被告人に尋問を行い、その調書をイェーナに送付すること、というものであった。六月三日、マルガレーテ・ミュラーは、役所で尋問を受けた。彼女は以前の自白を撤回し、あのとき自白したのは、これ以上「拷問」にかけられるのが怖かったからだと述べた。さらに彼女は、拷問のあと刑吏が差し出したスープには、喋るようにさせる何かが入れられていたと思う、と語った。彼女の推察は理由がないわけではなかった。被告人を拷問でひどく痛めつけずに尋問を成功させるのは、刑吏の「技量」(クンスト)の一つだった。その際、約束したり脅迫したりするだけではなく、被告人を手なづけて供述を誘い出す、という手段もとられたようである。

この出来事の後、イェーナの参審人裁判所は、ミュラーの妻にもう一度、最初の自白を提示し、もし彼女がこのうえまだ否認を続けるようなら、拷問を行うよう指示した。六月二二日、彼女の尋問が行われた。自白を撤回した理由について尋ねられると、「拷問になれば、体はばらばらになる」と言われたので、怖くなって自白したと答えた。始めのうち、彼女は魔女であることを否認していたが、刑吏に引き渡されると、認めてしまった。彼女は再び全てを自白すると言い、魔女術の罪を犯したことを告白した。自白調書は役所の部屋で読み上げられ、彼女はそれを確認した。判決および処刑日を確定するため、その調書を持った裁判所の使者が、アイゼナハに送られた。自白を読み上げたあと、自分は魔女ではない、自分に対して不正が行われている、とマルガレーテ・ミュラーが傭兵の妻に語った、と裁判所の使者は官房事務局で報告した。調書に記されていないこの事実によって、国務長官は最終判決日をまたもや延期した。傭兵とその妻が呼び出され、証人として尋問された。マルガレーテ・ミュラーもこの点に関して、役所の部屋で穏便に尋問された。これらの尋問は七月一日に行われた。七月二日、牧師ルードルフ・マイが懺悔師としてマルガレーテ・ミュラーのもとへ送られた。彼女は牧師に、ザルマンスハウゼンのパン屋は逮捕されたのに釈放されたが、自分は牢獄につながれたままだと嘆いた。もし牧師が彼女の心の中を見ることができれば、無実だということが分かるだろう、と彼女は牧師に言った。

証人の陳述と牧師の報告がイェーナに送られた。七月一九日、参審人は拷問を用いた尋問を指示した。その尋問から一週間後、役所で自白が確認されれば、最終判決日と処刑が決定する、という手順であった。その際、たとえ被告人が法廷で自白を撤回しようとも、処刑を執行するように、という指示が出された。

しかし、そうはならなかった。七月二一日、マルガレーテ・ミュラーは脱獄に成功した。国境を越えてヘッセンに逃げ込んだ。しかし、彼女は助からなかった。司法官は七月二二日、逮捕状を携えた使者を周辺の全ての役所に送った。七月二三日、マルガレーテ・ミュラーは、ヘッセンのソントラで発見され、逮捕されて、国境を越えて連れ戻された。七月二七日、脱獄の方法と理由について尋問されると、彼女は次のように語った。七月二一日午後、用便のため、監守が彼女を外に出し、脚の鎖を緩めた。用を足したあと、彼女はまだ繋がれているふりをして、看守を騙した。役所の部屋から持ち出した一本の釘で、壁の石を削り取った。脱獄の理由として、彼女は、アイゼナハの刑吏が彼女の尋問を引き受けたことを挙げた。残酷なことで悪名高いこの男が怖くて、彼女は逃げたというのである。七月二八日、彼女はまたもや牧師の前で、自分の無実を誓ったが、午後、彼を再び呼びつけて、自分に魔女術の罪があり、その罪を後悔していると言った。

七月二九日、前日に引き続き尋問で、彼女は最初の自白を再確認した。八月五日、アイゼナハにいる国務長官は、彼女を剣による死刑に減刑すると宣言した。死刑執行日は八月一〇日とされた。しかし、その前に被告人は牧師に、自分は魔女ではないと再び誓った。牧師がこのことを教区監督に伝えると、最終判決はまたもや延期された。八月二〇日、マルガレーテ・ミュラーは再び脱獄を試みたが、失敗した。彼女の抵抗は終わった。八月二二日、彼女は尋問で魔女であると自白し、最終判決日にもこの供述を繰り返した。八月三〇日、マルガレーテ・ミュラーはゲルストゥンゲンの法廷で、魔女として死刑に処す、と宣告された。彼女は町から処刑場に連行され、大勢の人々が見守る中で、ミュールハウゼンの死刑執行人によって、打ち首にされた。その後、彼女の体は火で焼かれた。

訳者あとがき

この本はアーレント＝シュルテ女史の左記の本を日本語に翻訳したものである。Ingrid Ahrendt-Schulte: *Weise Frauen - böse Weiber. Die Geschichte der Hexen in der Frühen Neuzeit*, Freiburg（Herder）1994.

私がアーレント＝シュルテの名を初めて知ったのは、*“Zauberinnen in der Stadt Horn 1554-1603”*（『ホルン市の魔女たち　一五五四年―一六〇三年』）という彼女の博士論文（一九九七年本としてCampus社より出版）を読んだときだ。衝撃的だった。魔女狩りが始まった頃の犠牲者についてこれほど丹念に調べた研究は、他に類を見ないのではないかと思う。魔女狩りの犠牲者が、なぜ女性に集中したのかという疑問にも真正面から取り組み、答えを提示している。彼女のその論文の骨子を私はまず、日本ジェンダー学会の学会誌（一九九九年）で、さらに、拙著『グリム童話と魔女――魔女裁判とジェンダーの視点から』（勁草書房　二〇〇二年）の第II部でも紹介した。

女性を魔女として告訴するのは主として女性であり、男性ではない。したがって魔女狩りは、フェミニストのいうように男性による女性差別ではない、という主張がなされていたとき、彼女の研究は貴重であった。確かに女性を告訴したのは、男性より女性のほうが多かった。だからといって、魔女狩りをジェンダー問題とは無関係な事項だと言い切っていいのだろうか。彼女は論文や本書で、そのような見方に真っ向から異議を唱えている。ヨーロッパ全土で約一〇万人が魔女裁判で殺され、そのうちの八割が女性であった。魔女狩りは西洋キリスト教社会でのみ起こった、主として女性に向けられた迫害である。これは、紛うことの無い歴史的事実である。告発者の性別いかんにかかわらず、犠牲者は大多数が女性であったのだ。

なぜ男性ではなく、女性なのか。どのような女性なのか。なぜ斬首刑ではなく火刑なのか。なぜ魔女を拷問にかけて、仲間の名前を白状させなければならないのか。

これらさまざまな疑問に、本書は一つ一つ答えてくれる。西洋中世、近世の暮らしの中で、女性や男性はどのように考え、どのように生きていたのか、ということを当時の価値観や思考法に置き換えながら、丹念に論述している。そこには我々の知らない世界、知らない価値観がある。しかしその世界は、怨霊信仰を持つ日本人には、妙に納得がいく世界でもある。

自分の牛が乳を出さず、隣人の牛が二倍の乳を出せば、魔女術で乳が吸い取られると考える。この思考回路は、合理的思考法を身につけた現代人には、いいがかりとしか受け取られない。しかし、西洋近世の社会では、理にかなった判断なのだ。近世の人々は、「財は常にその総量が一定である」という考え方をした。ある牛の乳の量が増えるのは、別の牛の乳の量が減ることを意味する。隣の女が牛乳魔女として告訴されたのは、総量一定の法則に基づいた近世的思考法によるものであった。また、馬の世話は男、牛は女というように性別に基づいた役割分担が確立していたので、牛乳魔女は常に女ということになる。告訴数が最も多かったのがこの牛乳魔女で、その他にも性愛魔女や天候魔女など、聞き慣れない名前が続出するが、すべて現実に告訴された魔女の名前である。

民衆側からの魔女告発は、自分の不幸の原因は他人の幸せのせいである、と考える近世的思考法に基づいた嫉妬が引き金となる。家畜や財産が損なわれると、害悪魔術が行使されたと考え、隣人を魔女として告発する。そこには、悪魔と契約する魔女像とはまた別の魔女像がある。一方、裁く側の学識法曹（政治や宗教の指導者）たちは、悪の軍団の一味としての魔女、悪魔と契約する魔女の存在を確信しており、自分たちの魔女像に合った自白を被告人に期待する。拷問や拘留で弱気になった被告人は、裁判官の期待に添うよう自白を脚色し、苦痛からの解放を願う。かくして、学識法曹たちが持つ魔女像と、民衆が持つ魔女像のずれは修復され、公文書記録からはその差異が見えにくくなる。

キリスト教徒の住む「神の国」を、魔女集団という「悪の軍団」から救うため、正義のために魔女処刑に奔走した知識人男性たちは、魔女を性的誘惑に誘う女とみなした。だが、魔女として実際に処刑されたのは、若い美女などではなく、社会的弱者である孤独な老婆が殆どであった。善の軍団の一員として、全力で終末戦争を戦っている学識法曹たちの言動は、老婆の魔女を前にして空振りしていたように思われる。それにもかかわらず、かれらは淫らな存在である魔女として、老婆を火刑に処した。キリスト教徒は「善」、魔女は「悪」という完全な善悪二元論が、そこにはあった。

共同体における魔女告発は、主として農民や市民が生存権を脅かされたために行ったもので、学識法曹のものとはまったく異なっている。どのようなメカニズムで魔女被告人が生み出されてきたのか、その理由を近世初期の村落共同体に根付いていた呪術文化から、本書は具体的に説明している。

魔女裁判の被告人の実像と、伝承文学であるグリム童話の中に登場する魔女とを重ね合わせて考察したのが、拙著『グリム童話と魔女―魔女裁判とジェンダーの視点から』である。魔女像の違いから、創作文学と伝承文学の相違が明らかになるのではないかと思うぐらい、両者の魔女像は異なっている。

魔女は現在、創作文学や伝承文学、絵画、漫画、オペラ、映画などで実に様々な姿で描かれている。目下、本や映画で人気のある『ハリー・ポッター』にも、魔女魔術に関する描写があるが、それらが虚像か実像かは、本書を読むと一目瞭然だ。フィクションの楽しみは、現実を知ると倍増する。フィクションの中の魔女だけではなく、現実の魔女裁判で殺された犠牲者たちのありのままの姿を知るには、本書はまさにうってつけの一冊だ。少しでも多くの人がこの本を読み、哀れな魔女たちの実像に触れてくれると、嬉しいのだが。

なお、本書の日本語訳を出版することができたのは、勁草書房の伊藤真由美さんの強力な推薦のおかげである。この場をかりて彼女に心から感謝の意を表したい。

野口芳子

魔女の「マ」の字ですら、私には関係ないと思ってずっと暮らしてきたが、まさか魔女の本を翻訳することになろうとは、思いもかけないことであった。それまでの私は「魔女」に関して、いわばズブの素人であった。魔女などというものは、平成の日本で安穏と暮らす私たちには無関係の存在、宇宙人にも等しい存在だと思い込んでいた。この世界を垣間見ることになったのは、野口芳子さんを通じてである。ドイツ文学に多少なりとも足をつっこむ同業者として、私は彼女のグリム研究や魔女研究についての論文や著書を、比較的身近で読んできた。野口さんの薦めで、アーレント＝シュルテのこの本を読み、目から鱗が落ちる思いがした。もう「魔女」は、他人ごとではなく、遠い架空の存在でもなく、まさしく私のようなきわめて普通の女性から、捏造されたものだということがわかったのだ。私はたまたま平成の日本に住んでいるので、魔女にされなかっただけのことである。もし近世初期のヨーロッパに暮らしていたら、私も、あなたも、そして街角でお喋りに夢中になっているおばさんたちも、皆、ちょっとしたきっかけで、魔女にされたかもしれない。例えばマルガレーテ・ミュラーのように、隣国から嫁にきて、他の主婦よりバターをたくさん作れるということが、近隣の女たちの嫉むところとなり、魔女被疑者にされて、拷問にかけられ、そして魔女として処刑されてしまうのだ。運良く魔女裁判の犠牲者にならなかったとしても、逆に、わが身を守るため、隣家の主婦を「魔女」に仕立てるのに一役買って、魔女裁判の犠牲者をつくる加害者になっていたかもしれない。

人間社会には、妬み、嫉み、悪意のある噂はつきものである。それが社会の仕組みによっては告発や密告となり、他人の命を奪うことになってしまう。このような出来事は近世初期のドイツに限らず、とりわけ財の総量が限られた社会では、現在でもありうることだ。「魔女」という名称が使われなくとも、はたまた火刑に処されることはないにしても、平和な平成日本でも、ささいなきっかけから虐げられたり、抑圧されたり、不当な扱いを受けている人はいるはずだ。私たち自身がその加害者になっていないか、被害者を作り出すシステムに取り込まれていないか、十分注意しなくてはならない。「魔女」はいつの時代でも、そしてどの社会でも、再生産される可能性があるのだから。

小山真理子

二〇〇三年二月

原書のタイトル "Weise Frauen - böse Weiber" は「賢い女―悪い女」という意味であるが、日本語訳の題名は内容から検討して、『魔女にされた女性たち』とした。

翻訳に際しては、まず、前半を野口芳子、後半を小山真理子が担当したが、結局、全文を最初から二人で一緒に検討し、訳文を練り、文体や用語の統一をはかった。なお、一般読者にわかりにくいと思われる表現は、［訳注］の形で文中に挿入し、原著者の注（　）と区別した。

著者略歴

イングリット・アーレント＝シュルテ

1942年生まれ。歴史学博士。著述家。

女性の社会史および魔術や呪術に関する著述多数。

ギムナジウム（中・高等学校）教諭を経て、1996年カッセル大学大学院にて博士号取得。

カッセル大学非常勤講師を経て，現在は国及び諸団体の委託研究員として各地で講演を行い，執筆活動に携わっている。ケルン在住。

著　書　Zauberinnen in der Stadt Horn 1554-1603. Magische Kultur und Hexenverfolgung in der Frühen Neuzeit（ホルン市の魔女たち1554年～1603年──近世初期における呪術文化と魔女狩り), Frankfurt/New York 1997 (Dissertation)

Auf den Spuren Dürener Frauen. Stadtgeschichte vom Mittelater bis zur Neuzeit (デューレン市の女たちの痕跡──中世から近世にかけての町の歴史), Düren 2000.

(Hg.), Geschlecht, Magie und Hexenverfolgung, (Hexenforschung Bd. 7), (ジェンダー・呪術・魔女術［魔女研究７］共著), Bielefeld 2002.

訳者略歴

野口芳子（のぐち　よしこ）

1949年　大阪府生まれ（旧姓：柊木）

1974年　関西学院大学大学院修士課程修了

1977年　ドイツ・マールブルク大学大学院にて Ph.D. 取得

現　在　武庫川女子大学文学部教授

主　著　『グリムのメルヒェン──その夢と現実』勁草書房，1994年

『ジェンダー学を学ぶ人のために』（共著）世界思想社，2000年

『日本におけるグリム童話翻訳書誌』（共編著）ナダ出版センター，2000年

『グリム童話と魔女──魔女裁判とジェンダーの視点から』勁草書房，2002年

小山真理子（こやま　まりこ）

1950年　兵庫県生まれ（旧姓：堀尾）

1975年　大阪大学大学院修士課程修了

現　在　関西学院大学文学部非常勤講師

訳　書　『文学と社会における女性と言語』（共訳）弓書房，1989年

論　文　「L. モニコヴァの『ファサード』──忘却に瀕する歴史と芸術家の使命──」（「独文学報」６号，1990年）

図版一覧

図 1　《牛乳魔術と天候魔術を使う魔女》ガイラー・フォン・カイザースベルクの教理問答集『エマイス（蟻塚）』のなかの木版画挿絵（無記名、作者不明）1516年

図 2　《雹を煮沸する二人の魔女》ウルリッヒ・モリトア著『魔女と呼ばれる悪い女の宗教書』のなかの木版画挿絵（無記名、作者不明）ウルム　1490/91年

図 3　《矢で射て病気をもたらす魔女》ウルリッヒ・モリトアの宗教書『魔女と呼ばれる悪い女の宗教書』のなかの木版画挿絵（無記名、作者不明）ウルム　1490/ 91年

図 4　《子どもを殺す魔女（中央）》様々な魔女や悪魔を描いた宗教書の表紙絵（無記名、作者不明）ミュンヒェン　1542年

図 5　《火刑に処される二人の魔女》配布ビラ（無記名、作者不明）デルネブルク　1555年

図 6　《性愛魔術》ウルリッヒ・モリトア著『魔女と呼ばれる悪い女の宗教書』のなかの木版画挿絵（無記名、作者不明）ウルム　1490/91年

図 7　《畑で聖餐魔術を行う三人の魔女》配布ビラ（無記名、作者不明）ニュルンベルク　1567年

人名索引

［ア行］

［カ行］

［サ行］

［タ行］

［ナ行］

［ハ行］

［マ行］

引用文献・参考文献

公刊されている資料（Gedruckte Quellen）

Jodokus Hocker/Hermann Hamelmann, Der Teufel selbst, Frankfurt a. M. 1627.

Geiler von Kaysersberg, Die Emeis, Straßburg 1516.

Jakob Sprenger/Heinrich Institoris, Der Hexenhammer (Malleus Maleficarum), hrsg. von J. W. R. Schmidt, München 1985. (ND der Ausgabe von 1906)

Christian Thomasius, Vom Laster der Zauberei. Über die Hexenprozesse (De Crimine Magiae. Processus Inquisitorii contra Sagas), hrsg. von Rolf Lieberwirth, München 1986.

Die Peinliche Gerichtsordnung Kaiser Karls V. von 1532, hrsg. von Gustav Radbruch u. Arthur Kaufmann, Stuttgart 1980. ［塙浩訳「カルル五世刑事裁判令（カロリナ）」『塙浩著作集四』信山社　1992年］

Behringer, Wolfgang (Hg.), Hexen und Hexenprozesse in Deutschland, München 1988.

Schreiber, Fritz, Hexenprozesse im Amt Medenbach, in: Hexen-Gerichtsbarkeit im kurkölnischen Sauerland. Hrsg. v. Schieferbergbau-Heimatmuseum, Schmallenberg-Holthausen 1984, S.137-176.

文献（Literatur）

1．学術雑誌（Literaturberichte）

Behringer, Wolfgang, Erträge und Perspektiven der Hexenforschung, in: Historische Zeitschrift 249 (1989), S.619-640.

Bender-Wittmann, Ursula, Frauen und Hexen — feministische Perspektiven der Hexenforschung, in: Pramann, Regina (Hg.), Hexenverfolgung und Frauengeschichte. Beiträge aus der kommunalen Kulturarbeit, Bielefeld

1993, S.11-32.

Hehl, Ulrich von, Hexenprozesse und Geschichtswissenschaft, in: Historisches Jahrbuch 107 (1987), S.349-375.

Kriedte, Peter, Die Hexen und ihre Ankläger. Zu den lokalen Voraussetzungen der Hexenverfolgungen in der frühen Neuzeit. Ein Forschungsbericht, in: Zeitschrift für historische Forschung 14 (1987), S.47-71.

2. 魔女裁判 (Hexenprozesse)

Alfing, Sabine, Hexenjagd und Zaubereiprozesse in Münster. Vom Umgang mit Sündenböcken in den Krisenzeiten des 16. und 17. Jahrhunderts, Münster/New York 1991.

Behringer, Wolfgang, Hexenverfolgung in Bayern. Volksmagie, Glaubenseifer und Staatsräson in der Frühen Neuzeit, München 1988.

Beyer, Christel, „Hexen-Leut, so zu Würzburg gerichtet“. Der Umgang mit Sprache und Wirklichkeit in Inquisitionsprozessen wegen Hexerei, Frankfurt a.M./Bern/ New York 1986.

Blauert, Andreas, Frühe Hexenverfolgungen. Schweizerische Ketzer-, Zauberei- und Hexenprozesse des 15. Jahrhunderts, Hamburg 1989.

Blauert, Andreas (Hg.), Ketzer, Zauberer, Hexen. Die Anfänge der europäischen Hexenverfolgung, Frankfurt a. M. 1990.

Blauert, Andreas, Hexenverfolgung in einer spätmittelalterlichen Gemeinde. Das Beispiel Kriens/Luzern um 1500, in: Geschichte und Gesellschaft 16 (1990), S.8-25.

Decker, Rainer, Die Hexenverfolgungen im Herzogtum Westfalen, in: Westfälische Zeitschrift 131/32 (1981/82), S.339-386.

Decker, Rainer, Die Hexenverfolgung im Hochstift Paderborn, in: Westfälische Zeitschrift 128 (1978), S.314-356.

Franken, Irene/Hoerner, Ina, Hexen. Die Verfolgung von Frauen in Köln, Köln 1987.

Gebhard, Horst Heinrich, Hexenprozesse im Kurfürstentum Mainz des 17.

Jahrhunderts. Mainz 1989.
Hartmann, Wilhelm, Die Hexenprozesse in der Stadt Hildesheim (=Quellen und Darstellungen zur Geschichte Niedersachsens Bd.35), Hildesheim 1927.
Hexen-Gerichtsbarkeit im kurkölnischen Sauerland. Hrsg. v. Schieferbergbau-Heimatmuseum, Schmallenberg-Holthausen 1984.
Honegger, Claudia, Die Hexen der Neuzeit. Studien zur Sozialgeschichte eines kulturellen Deutungsmusters, Frankfurt a. M. 1978.
Jerouschek, Günther, Die Hexen und ihr Prozeß. Die Hexenverfolgungen in der Reichsstadt Esslingen, Esslingen 1992.
Kunze, Michael, Straße ins Feuer. Vom Leben und Sterben in der Zeit des Hexenwahns, München 1982. [鍋谷由有子訳『火刑台への道』(抄訳) 白水社 1993年]
Nieß, Walter, Hexenprozesse in der Grafschaft Büdingen. Protokolle, Ursachen, Hintergründe, Büdingen 1982.
Rummel, Walter, Bauern, Herren und Hexen. Studien zur Sozialgeschichte sponheimischer und kurtrierischer Hexenprozesse, Göttingen 1991.
Schormann, Gerhard, Hexenprozesse in Deutschland, Göttingen 1981.
Schormann, Gerhard, Hexenprozesse in Nordwestdeutschland, Hildesheim 1977.
Valentinitsch, Helfried (Hg.), Hexen und Zauberer. Die große Verfolgung — ein europäisches Phänomen in der Steiermark, Graz/Wien 1987.
Wilbertz, Gisela, Die Hexenprozesse in Stadt und Hochstift Osnabrück, in: Degn/Lehmann/Unverhau (Hg.), Hexenprozesse. Deutsche und skandinavische Beiträge, Neumünster 1983, S.218-221.
Wunder, Heide, Hexenprozesse im Herzogtum Preußen während des 16. Jahrhunderts, in: Degn/Lehmann/Unverhau (Hg.) , Hexenprozesse. Deutsche und skandinavische Beiträge, Neumünster 1983, S.179-204.

3. 魔女と魔女像 (Hexen und Hexenbilder)

Ahrendt-Schulte, Ingrid, Schadenzauber und Konflikte. Sozialgeschichte von

Frauen im Spiegel der Hexenprozesse des 16. Jahrhunderts in der Grafschaft Lippe, in: Wunder, Heide/Vanja, Christina (Hg.), Wandel der Geschlechterbeziehungen zu Beginn der Neuzeit, Frankfurt a.M. 1991, S.198-228.

Ahrendt-Schulte, Ingrid, Hexenprozesse als Gegenstand Historischer Frauenforschung. Der Fall Ilse Winter in Donop 1589, in: Scheffler/Schwerhoff/Wilbertz (Hg.), Hexenverfolgung und Regionalgeschichte. Die Grafschaft Lippe im Vergleich, Bielefeld 1994.

Baroja, Julio Curo, Die Hexen und ihre Welt, Stuttgart 1967.

Becker, Gabriele/Bovenschen, Silvia, u. a.,Aus der Zeit der Verzweiflung. Zur Genese und Aktualität des Hexenbildes, Frankfurt a. M. 1977.

Dülmen, Richard van (Hg.), Hexenwelten. Magie und Imagination vom 16.-20. Jahrhundert, Frankfurt a. M. 1987.

Burghartz, Susanna, Hexenverfolgung als Frauenverfolgung? Zur Gleichsetzung von Hexen und Frauen am Beispiel der Luzerner und Lausanner Hexenprozesse des 15. und 16. Jahrhunderts, in: 3. Schweizerische Historikerinnentagung. Beiträge, hg. v. Lisa Berrisch u.a., Zürich 1986, S.86-105.

Dülmen, Richard van, Die Dienerin des Bösen. Zum Hexenbild in der frühen Neuzeit, in: Zeitschrift für historische Forschung 18 (1991), S.385-398.

Hasler, Eveline, Anna Göldin. Letzte Hexe, München 1990.

Roper, Lyndal, Angst und Aggression. Hexenanklagen und Mutterschaft im frühneuzeitlichen Augsburg, in: Sowi 21 (1992), S.68-76.

Roper, Lyndal, Ödipus und der Teufel, in: Blauert, Andreas/Schwerhoff, Gerd (Hg.), Mit den Waffen der Justiz. Zur Kriminalitätsgeschichte des späten Mittelalters und der frühen Neuzeit, Frankfurt a. M. 1993, S.32-53.

Schade, Sigrid, Schadenzauber und die Magie des Körpers. Hexenbilder der Frühen Neuzeit, Worms 1983.

4. 呪術と魔女信仰 (Magie und Hexenglaube)

Bächthold-Stäubli, Hanns (Hg.), Handwörterbuch des deutschen Aber-

glaubens, Berlin/Leipzig 1927-1942.

Behringer, Wolfgang, Scheiternde Hexenprozesse. Volksglaube und Hexenverfolgung um 1600 in München, in: Dülmen, Richard van (Hg.), Kultur der einfachen Leute. Bayrisches Volksleben vom 16. bis zum 19. Jahrhundert, München 1983, S.42-78.

Blöcker, Monika, Frauenzauber — Zauberfrauen, in: Zeitschrift für Schweizerische Kirchengeschichte 76 (1982), S.1-39.

Dienst, Heide, Lebensbewältigung durch Magie. Alltägliche Zauberei in Innsbruck gegen Ende des 15. Jahrhunderts, in: Kohler, Alfred/Lutz, Heinz (Hg.), Alltag im 16. Jahrhundert. Studien zu Lebensformen in mittteleuropäischen Städten, Wien 1987, S.80-116.

Dienst, Heide, Magische Vorstellungen und Hexenverfolgungen in den österreichischen Ländern (15. und 18. Jahrhundert), in: Zöllner, Erich (Hg.), Wellen der Verfolgung in der österreichischen Geschichte, Wien 1986, S.70-95.

Dienst, Heide, Zur Rolle von Frauen in magischen Vorstellungen und Praktiken — nach ausgewählten mittelalterlichen Quellen, in: Affeldt, Werner (Hg.), Frauen in Spätantike und Frühmittelalter. Lebensbedingungen-Lebensnormen-Lebensformen, Sigmaringen 1990, S.173-194.

Favret-Saada, Jeanne, Die Wörter, der Zauber, der Tod. Der Hexenglaube im Hainland von Westfrankreich, Frankfurt a. M. 1979.

Ginzburg, Carlo, Die Benandanti. Feldkulte und Hexenwesen im 16. und 17. Jahrhundert, Frankfurt a. M. 1980. ［竹山博英訳『ベナンダンティ』せりか書房　1986年］

Ginzburg, Carlo, Hexensabbat, Entzifferung einer nächtlichen Geschichte, Berlin 1990. ［竹山博英訳『闇の歴史——サバトの解読』せりか書房　1992年］

Gloger, Bruno/Zöllner, Walter, Teufelsglaube und Hexenwahn, Wien/Köln 1984.

Labouvie, Eva, Zauberei und Hexenwerk. Ländlicher Hexenglaube in der frühen Neuzeit, Frankfurt a. M. 1991.

Labouvie, Eva, Verbotene Künste. Volksmagie und ländlicher Aberglaube in den Dorfgemeinden des Saarraumes (16.-19. Jahrhundert), St. Ingbert 1992.

Leibrock-Plehn, Larissa, Hexenkräuter oder Arznei. Die Abtreibungsmitttel im 16. und 17. Jahrhundert, Stuttgart 1992.

Meili, David, Hexen in Wasterkingen. Magie und Lebensformen in einem Dorf des frühen 18. Jahrhunderts, Basel 1980.

Nola, Alfonso di, Der Teufel. Wesen, Wirkung, Geschichte, München 1990.

Schöck, Inge, Hexenglaube in der Gegenwart. Empirische Untersuchungen in Südwestdeutschland, Tübingen 1978.

Schwerhoff, Gerd, Rationalität im Wahn. Zum gelehrten Diskurs über die Hexen in der frühen Neuzeit, in: Saeculum 37 (1986), S.45-82.

Unverhau, Dagmar, Von Toverschen und Kunstfruwen in Schleswig 1548-1557. Quellen und Interpretationen zur Geschichite des Zauber- und Hexenwesens, Schleswig 1980.

Walz, Rainer, Hexenglaube und magische Kommunikation im Dorf der Frühen Neuzeit. Die Verfolgungen in der Grafschaft Lippe, Paderborn 1993.

5. 近世初期の女性たち (Frauen in der Frühen Neuzeit)

Davis, Natalie Zemon, Frauen und Gesellschaft am Beginn der Neuzeit, Berlin 1986.

Wunder, Heide, „Er ist die Sonn', sie ist der Mond“. Frauen in der Frühen Neuzeit, München 1992.

魔女にされた女性たち　近世初期ドイツにおける魔女裁判

2003年6月20日　第1版第1刷発行
2015年5月25日　第1版第6刷発行

著　者　イングリット・アーレント＝シュルテ
訳　者　野口芳子
　　　　小山真理子
発行者　井村寿人

発行所　株式会社　勁《けい》草《そう》書房
112-0005 東京都文京区水道 2-1-1 振替 00150-2-175253
（編集）電話 03-3815-5277／FAX 03-3814-6968
（営業）電話 03-3814-6861／FAX 03-3814-6854
理想社・松岳社

ISBN978-4-326-65281-5　Printed in Japan

http://www.keisoshobo.co.jp

樋口聡　身体教育の思想　［教育思想双書7］　二五〇〇円

吉田敦彦　ブーバー対話論とホリスティック教育　他者・呼びかけ・応答　［教育思想双書8］　二五〇〇円

高橋勝　経験のメタモルフォーゼ　〈自己変成〉の教育人間学　［教育思想双書9］　二五〇〇円

教育思想史学会編　教育思想事典　A5判　七二〇〇円

F・ピポニエ／M・パストゥロー他　徳井淑子編訳　中世衣生活誌　日常風景から想像世界まで　四六判　三〇〇〇円

L・ストーン　北本正章訳　家族・性・結婚の社会史　1500年〜1800年のイギリス　四六判　五七〇〇円

I・ヴェーバー＝ケラーマン　鳥光美緒子訳　ドイツの家族　古代ゲルマンから現代　四六判　三七〇〇円

J・L・フランドラン　森田伸子／小林亜子訳　フランスの家族　アンシャン・レジーム下の親族・家・性　四六判　四一〇〇円

神原正明　快読・西洋の美術　視覚とその時代　四六判　二四〇〇円